U0946927

安全韧性城市建设

理论演进与上海实践

李蔚 ◎ 著

上海人民出版社

出版说明

智力资源是一个国家、一个民族最宝贵的资源，中国特色新型智库是智力资源的重要聚集地。党的十八大以来，习近平总书记围绕建设中国特色新型智库、建立健全决策咨询制度，先后发表一系列重要讲话，作出一系列重要指示批示，为全面加强中国特色新型智库建设指明了方向、提供了根本遵循。党中央从推动科学决策民主决策、推进国家治理体系和治理能力现代化、增强国家软实力的战略高度，就中国特色新型智库建设作出一系列重大部署。中国特色新型智库建设进入高质量发展的“快车道”。

作为哲学社会科学的学术重镇，上海在决策咨询研究和智库建设方面一直走在全国前列。目前，全市拥有上海社会科学院、复旦大学中国研究院2家国家高端智库建设试点单位，上海全球城市研究院、上海国际问题研究院等16家市级重点智库，上海市科学学研究所等10家市级重点培育智库，初步形成以国家高端智库为引领，市级重点智库为支撑，其他智库为补充，结构合理、分工明确的新型智库建设布局体系。

“十四五”时期，在市委市政府的坚强领导下，全市新型智库坚持立足上海、面向全国、放眼世界，主动对接中央和市委重大决策需求，围绕关系国家和上海发展全局、影响长远的一系列重大问题，积极建言献策，提出真知灼见，取得了一大批具有重要学术价值、重大现实指导意义的智库研究成果，有力服务了国家战略，有效助推了上海发展。

当前，上海新型智库建设蹄疾步稳、成效明显，智库品牌不断提升、更加闪亮。为进一步加强智库成果的宣传推介，更好发挥智库资政启民的作用，在市委宣传部和市哲学社会科学工作领导小组的领导下，市社科规划办每年面向全市公开遴选一批优秀智库研究报告，以“上海智库报告”为统一标识，由上海人民出版社集中出版。入选报告紧扣国家战略和市委市政府中心工作，主题鲜明、分析深刻、逻辑严密，体现鲜明的时代特征和创新意识，具有较强的理论说服力、实践指导作用和决策参考价值。“上海智库报告”代表上海新型智库的最高研究水平，是上海全力打造的新型智库建设高端品牌。

2022年度“上海智库报告”聚焦浦东新区打造社会主义现代化建设引领区、构建现代化经济体系、推进高水平改革开放、超大城市现代化治理等一系列重大主题，突出强调以落实国家重大战略任务为牵引、以服务上海经济社会发展为导向，更加注重报告内容的战略性和前瞻性，引导全市新型智库努力为新时代国家和上海的经济社会发展资政建言，为上海加快建设具有世界影响力的社会主义现代化国际大都市提供有力的智力支撑。

上海市哲学社会科学规划办公室

2022年9月

目　录

序　言

近年来，党和国家高度重视城市公共安全问题，习近平总书记围绕统筹发展和安全、防范风险和挑战、应对突发事件等发表了一系列重要论述。《中华人民共和国国民经济和社会发展第十四个五年规划和2035年远景目标纲要》对统筹发展和安全作出战略部署，提出建设“韧性城市”的重大议题。《上海市国民经济和社会发展第十四个五年规划和二〇三五年远景目标纲要》中明确提出了“强化安全韧性适应理念”。“安全韧性城市”在“韧性城市”的基础上，以公共安全作为重点聚焦领域，强调了韧性理念在城市公共安全治理中的重要价值。上海市第十二次党代会提出要加快推进韧性城市建设，健全城市安全预防体系，推进更高水平的平安上海建设，深化矛盾多元预防调处化解机制建设，加强重大决策社会稳定风险评估，提升信访工作法治化水平，完善社会治安防控体系。确保城市安全，是必须牢牢守住的底线。上海作为超大型城市，人口、各类建筑、经济要素和重要基础设施高度密集，传统风险、转型风险和新的风险复杂交织，[1]安全管控任务艰巨，亟待加快建成安全韧性城市。

本书梳理了安全韧性城市建设的政策演进，涵盖国家层面关于城市安全风险防控的相关政策以及上海市城市安全风险防控主要实施意见及工作措施的梳理；界定了“安全韧性”建设的内涵、建构了城市“安全韧性”的操作化维度以及基本框架；通过对上海四个区的实证调研，在市级层面、市域层面以及社区层面考察上海公共安全风险防控面临的主要挑战；从制度韧性、

[1] 陶希东：超大城市率先建设“安全韧性城市”的路径与策略，载光明网https://m.gmw.cn/baijia/2021-05/13/34842124.html，2021年5月13日。

组织韧性、社会韧性、技术韧性、工程韧性等维度提炼上海建设安全韧性城市的基本成效及面临的瓶颈问题；借鉴国内外安全韧性城市建设经验，结合国情以及上海市情，提出进一步提升超大城市安全韧性水平的主要抓手和政策建议。

第一章

安全韧性城市的理论基础

韧性，源自拉丁语词汇“resilio”，意思是“回弹到原始状态”。后来英文引入这一词汇为“resilience”，最早是一个物理学概念，表示材料在塑性变形和破裂过程中吸收能量的能力，即“工程韧性”，韧性越好，则抵抗外来冲击的稳定性越好。20 世纪 70 年代，加拿大学者 Buzz Holling 把“韧性”概念引入生态学领域，指生态系统受到冲击后恢复稳定的能力，即“生态韧性”。此后，对“韧性”的研究逐渐从生态学领域拓展到其他学科，产生了“演进韧性”，强调系统不是一个稳定的状态，而是在不断进行变换的环境中去适应和转换。由此，“韧性”的内涵不断得到丰富和深化。

第一节　“安全韧性”概念的演进

“安全韧性”是“韧性”概念在城市安全领域的拓展和应用，即把“韧性”概念植入城市安全发展各领域和全过程，完善城市安全治理体系，筑牢城市安全防线。联合国国际减灾战略署将安全韧性定义为“暴露于灾害下的系统、社区或社会为了达到并维持一个可接受的运行水平而进行抵抗或发生改变的能力”。[1] 安全韧性概念强调城市对公共安全事件的抵御、吸收、适

［1］ Williams P，Nolan M，Panda A，*UNISDR Disaster Resilience Scorecard for Cities*，*Preliminary Level Assessment*，United Nations Office for Disaster Risk Reduction（UNDRR），2017，pp.3—49.

应、恢复与学习的能力，覆盖城市应急管理的事前、事中、事后全流程，涉及科技、管理、文化等各个领域。

通过对“安全韧性”定义演进过程的梳理发现，安全韧性最初是从“工程韧性”的角度作定义，主要关注城市从灾害中恢复的能力；后来演变为“生态韧性”的视角，重点关注城市系统自身面对灾害的抵抗能力和重组能力；最后转变为“演进韧性”的视角，关注城市应对灾害时不断适应及学习的过程，强调城市应对不确定性的能力（表 1）。

基于此，本研究将“安全韧性城市”定义为：能够凭借自身能力抵御公共安全风险，减轻灾害风险损失，并合理地调配资源以从灾害风险中快速恢复过来的城市。当公共安全风险事件发生时，安全韧性城市能够及时感知、快速应对、迅速恢复，保持城市基本正常运行，并通过自我调节以及学习能力更好地应对未来的灾害风险。

第二节 安全韧性城市研究的理论推进

已有关于安全韧性城市的研究主要从城市公共安全治理研究范式、安全韧性城市模型与评估指标设计、安全韧性城市建设的具体维度和方案等主题展开。

第一，城市公共安全治理研究范式。关于韧性理念在城市公共安全治理方面的研究主要从理论与实践应用两个层面展开，形成两种基本的研究视角，“组织—制度韧性”与“工程—技术韧性”视角。“组织—制度韧性”视角以理论研究为重点，探讨韧性概念的溯源、韧性概念如何嵌入公共安全治理的制度[1]、机制[2]以及模式[3]等城市公共安全治理的各个领域。形成了

[1] 曹惠民：《风险社会视角下城市公共安全治理策略研究》，《学习与实践》2015 年第 3 期。

[2] 张春燕：《风险社会中的城市公共安全应急机制：挑战与变革》，《长白学刊》2013 年第 6 期。

[3] 张玉磊：《城市公共安全的跨界治理：属性特征、治理困境与模式构建》，《湘潭大学学报》（哲学社会科学版）2020 年第 6 期。

表 1 “安全韧性”概念的演进[1]

韧性理念演进	“安全韧性”定义
工程韧性	安全韧性是应对未期的风险，在变形之前回弹的能力[2]（Widavsky，1991）
生态韧性	安全韧性是一个地区在无巨大外界帮助下，经历极端自然事件而不经历毁灭性的损失、不损害生产力和生活质量的能力[3]（Mileti，1999）；安全韧性是处理和适应危险压力的能力[4]（Pelling，2003）；安全韧性是指暴露于灾害下的系统、社区或社会为了达到并维持一个可接受的运行水平而进行抵抗或发生改变的能力[5]（Unisdr，2005）
演进韧性	安全韧性是指一个社会系统对灾害相应和恢复的能力，包括系统吸收影响、应对极端事件的内在条件和重组、改变、学习以应对威胁的能力[6]（Cutter，2008）；安全韧性是指城市系统面对改变时吸收、适应和反应的能力[7]（Desouza，2013）；城市安全韧性是指一个城市系统以及它的组成部分跨时空尺度组成社会生态和社会技术网络在面对干扰时，维持或迅速恢复期望功能的能力，以及适应当前和未来变化的快速转型能力[8]（Meerow，2016）

[1] 黄弘、李瑞奇、范维澄、闪淳昌：《安全韧性城市特征分析及对雄安新区安全发展的启示》，《中国安全生产科学技术》2018 年第 14 卷第 7 期。

[2][3] Mileti D，*Disasters by Design：A Reassessment of Natural Hazards In the United States*. Washington，D.C.：Joseph Henry Press，1999，p.4.

[4] Aaron Wildavsky，A. *Searching for Safety*. New Brunswick，NJ：Transaction，1991，pp.350—358.

[5] Pelling M，*The Vulnerability of Cities：Natural Disasters and Social Resilience*，London：Earthscan，pp.101—223.

[6] Cutter S L，Barnes L，Berry M，et al，“A Place-based Model for Understanding Community Resilience to Natural Disasters”，*Global Environmental Change*，Vol.18，No.4，Oct. 2008.

[7] Desouza K C，Flanery T H，“Designing，Planning，and Managing Resilient Cities：A Conceptual Framework”，*Cities*，2013，Vol.35，No.4，Dec. 2013.

[8] Merrow S，Newell J P，Stults M. “Defining Urban Resilience：A Review”，*Landscape & Urban Planning*，Vol.147，No.3，Mar. 2016.

以目标为取向的“韧性治理”以及以能力为取向的“治理韧性”两种研究路径。“工程—技术韧性”视角重点关注实践层面的问题，针对公共安全治理某一具体问题或领域展开研究。[1]

第二，安全韧性城市模型与评估指标设计。关于构建城市安全韧性模型的研究主要是基于公共安全三角形模型[2]提出的城市安全韧性三角形模型，分析城市承灾系统结构特点与安全韧性管理重点环节，从城市承载系统的结构特点以及安全韧性管理重点关注的功能特性出发提出安全韧性城市应具备如下特征：冗余性、多样性、多网络连通性、适应性、协同性、快速稳定性、恢复力、学习力。[3]

第三，安全韧性城市建设的具体维度和方案。主要从制度、社会、组织、技术等层面探索安全韧性城市建设的具体方案。从制度层面来看，一是构建公共安全应急的标准体系框架。建立标准级别维、标准性质维、应急流程维和事件类别维的四维标准体系模型，进而构建了公共安全应急的三级标准体系框架。[4]二是从提高政府安全管理效能的角度出发，提出建立安全管理责任追溯机制以及风险分担机制。通过规避、化解和转移等风险管理方法，有效降低事故发生概率、减轻灾害损失。调动基层社区民众积极参与安全治理，分担和化解社会运行中的各种风险。[5]

从社会层面来看，一是建构城市公共安全治理过程中公众参与的理论模

[1] 孙金阳、龚维斌：《城市公共安全风险治理的现实困境及其破解路径》，《中共中央党校（国家行政学院）学报》2020年第4期；张陶、曹惠民、王锋：《城市公共安全治理中公众参与困境与对策》，《城市发展研究》2019年第9期。

[2] 范维澄、刘奕、翁文国：《公共安全科技的“三角形”框架与“4+1”方法学》，《科技导报》2009年第6期。

[3] 黄弘、李瑞奇、范维澄、闪淳昌：《安全韧性城市特征分析及对雄安新区安全发展的启示》，《中国安全生产科学技术》2018年第7期。

[4] 张陶、曹惠民、王锋：《城市公共安全治理中公众参与困境与对策》，《城市发展研究》2019年第9期。

[5] 滕五晓：《层级式安全管理的效能衰减及其治理策略》，《社会科学》2012年第4期。

型。深入系统研究社会公众参与城市公共安全治理的理论内在机制，探索社会公众参与城市公共安全治理的路径。[1] 二是社区安全管理中的公民话语权的问题。指出话语权缺失是制约民众参与安全管理的重要问题。并提出在社区安全管理中构建公民话语权，促进民众参与安全管理的思路及具体对策。[2] 三是基层综合性应急救援队伍组建模式及管理机制的研究。在调查分析我国基层应急救援队伍现状及发达国家基层应急救援队伍实践经验的基础上，提出了基层综合性应急救援队伍的“多元发展 + 灵活整合”组建模式，“一体化管理”体系及“标准化管理”运行机制。[3] 四是基层应急管理效能研究。应急管理组织指挥体系、力量支撑体系、社会动员体系建设，提高应急管理改革发展的效能。[4] 五是韧性社区建设。从制定韧性社区规划、培育协同治理机制、提高居民综合素质和完善评估体系四个维度出发，推动我国韧性社区的建设。[5]

从组织层面来看，一是提出城市公共安全跨界治理理念[6]、优化城市公共安全治理府际间协调机制[7]、整合城市公共安全公私合作治理网络等系统化措施，构建城市公共安全跨界治理模式。[8] 二是提出以韧性治理推进基层网格化治理，就是要推动国家治理与基层治理间的增权赋能，构建常态管

---

[1] 张陶、曹惠民、王锋：《城市公共安全治理中公众参与困境与对策》，《城市发展研究》2019 年第 9 期。

[2] 滕五晓、柳肖涵：《社区安全管理中的公民话语权问题》，《公共管理变革》2013 年第 3 期。

[3] 滕五晓、胡晶焱：《基层综合性应急救援队伍组建模式及管理机制研究》，《上海行政学院学报》2015 年第 1 期。

[4] 桂余才：《建设三大体系　提高应急管理效能》，《中国应急管理》2020 年第 7 期。

[5] 毕鸿昌：《城市安全视角下　我国韧性社区建设问题分析》，《四川行政学院学报》2018 年第 5 期。

[6] 尹振东：《垂直管理与属地管理：行政管理体制的选择》，《经济研究》2011 年第 4 期。

[7] 雷晓康、安静、张茜茜：《跨区域突发事件中地方政府内部应急协作的情景构建分析与优化策略》，《中国行政管理》2019 年第 4 期。

[8] 张玉磊：《城市公共安全的跨界治理：属性特征、治理困境与模式构建》，《湘潭大学学报》（哲学社会科学版）2020 年第 6 期。

理与应急管理相结合的基层网格化治理体系，推进基层网格化治理中的制度创新与效能提升。[1]

从技术层面来看，一是公共安全科技发展战略研究和路径设计。探讨了构建安全保障型社会的内涵，介绍了以建设全方位、立体化的公共安全体系为目标的公共安全科技中长期发展战略研究和发展路径，提出了我国公共安全科技发展的总体思路和战略构想。[2] 二是提出构建智慧韧性城市的要素。利用物联网、大数据、人工智能等技术，编制全方位、立体化的城市公共安全网，构建智慧韧性城市，保障城市安全发展。[3] 三是强调以科技为支撑，推进应急管理装备能力现代化，加强监测预警装备、应急处置与救援装备等两大类技术的研发应用。[4] 四是探讨智慧应急的机遇与挑战。[5] 构建集数据信息共享、分析研判支撑为一体的智能化管理系统，建立专业部门间的深度整合、政府与社会的互联互通机制，通过智能化的模拟分析、快速评估、科学决策手段，将常态下的城市运行管理与紧急状态下的城市应急管理相统一。[6]

总的来看，关于安全韧性城市的研究主要从城市公共安全韧性治理的内在逻辑出发，构建城市公共安全韧性治理生成的路径图式，并在此基础上从制度、社会、组织、技术等不同维度提出优化城市公共安全韧性的治理方案的对策。本研究将在此基础上，对城市公共安全治理作全过程研究，进一步

[1] 朱正威：《中国应急管理70年：从防灾减灾到韧性治理》，《国家治理》2019年第36期。

[2] 刘奕、倪顺江、翁文国、范维澄：《公共安全体系发展与安全保障型社会》，《中国工程科学》2017年第1期。

[3] 《提升韧性　构建智慧安全城市》，《中国应急管理》2020年第1期。

[4] 范维澄：《以科技为支撑推进应急管理装备能力现代化》，《学习时报》2020年2月17日。

[5] 孙粤文：《大数据：现代城市公共安全治理的新策略》，《城市发展研究》2017年第2期；曹策俊、李从东、王玉等：《大数据时代城市公共安全风险治理模式研究》，《城市发展研究》2017年第11期；张龙辉、肖克：《人工智能应用下的特大城市风险治理：契合、技术变革与路径》，《理论月刊》2020年第9期。

[6] 滕五晓：《智慧应急的机遇与挑战》，《张江科技评论》2021年第3期。

考察韧性如何嵌入不同治理阶段以及如何呈现出多种样态。

第三节　安全韧性城市建设的主要维度

“韧性”强调城市的免疫力和恢复力，即在逆变环境中的抗压性、存续性、适应性和可持续发展的能力。[1]安全韧性城市有三个主要特性，一是动态性过程性，安全韧性城市的建设贯穿于城市规划、建设、运行、发展等全过程；覆盖风险预防准备、实时预警监测、紧急救援处置、自我修复重建等风险防控动态全流程。二是整体性系统性，一方面，安全韧性是一个整体性概念，包括全空间布局的网格化组织架构，全要素推进的智能化技术，全社会参与的资源动员能力；另一方面，安全韧性是一个系统概念，涉及风险识别、风险评估、风险分类、风险控制策略等全方位的风险分级管控体系的系统性建构。三是全功能性，安全韧性城市旨在全方位提升城市安全韧性的三大功能：风险管控功能、安全运行功能及安全应急功能。

基于对安全韧性城市的内涵界定以及动态性过程性、整体性系统性、全功能性特征分析，我们把安全韧性进一步操作化为六个基本研究维度：制度韧性、组织韧性、工程韧性、社会韧性、技术韧性、文化韧性。

一是制度韧性。制度韧性是指安全韧性城市建设的相关规划政策与制度设计的前瞻性、适应性及可持续发展能力。制度韧性建设涵盖韧性发展战略规划、安全韧性城市管理体制机制以及全方位法规政策保障（法律法规制度体系、规范性文件）等顶层设计方案的形成和不断完善。以公共安全标准化体系建设为例，包含：公共安全基础及通用性标准；综合性突发事件及部分重点类型突发事件的监测、预警、救援、防范与快速处置标准；重大或常见

[1] 韧性城市理论框架，载浙江大学韧性城市研究中心 https://baike.baidu.com/reference/24122259/e63crkFbsvwH-crZB-zsIF5VjzTmyavHBpY1pFqOdhxAEmjEbq7qHR0ahRb8aXzFxWYo317ivFdK7nHNQ3B3SSKpFRZzdrUysg。

危险源的安全风险评估、风险分析技术标准；公共安全应急信息平台的相关技术及管理标准；公共安全应急装备和产品的技术、产品、实验、检测等标准；应急专业人员及公众的公共安全教育标准等。[1]

二是组织韧性。组织韧性是安全韧性城市建设的基本组织体系在逆变环境中的抗压性、存续性、适应性和可持续发展的能力。具体包含安全风险防控、安全运行、安全应急的基本组织架构、主体权责体系、统筹协调机制（区域协同联动、跨部门领导协调能力等）、资源调配机制、人员动员机制、人才培养体系以及与城市公共安全措施有关的绩效考评机制和行政问责制度的建立和完善。

三是工程韧性。工程韧性指城市基础设施系统抵御灾害、吸收损失并及时恢复至正常运行状态的能力。城市基础设施的灾害预防能力、灾害监测与预警能力、灾害抵御能力以及应急救援能力是韧性城市建设的硬件基础。具体来看，第一是城市生命安防工程的韧性建设，包括燃气、石油管线、电力、供水、排水等城市基本生命安全防线的安全隐患识别及升级改造；第二是城市老建筑、老旧小区等风险高发区以及应对灾难的脆弱区域的韧性建设，如针对老建筑、人口密集的老旧小区、房屋质量问题多发的动迁房社区的安全风险识别、综合改造和城市更新等；第三是城市各类应急基础设施建设、应急物资储备体系建设以及应急避险空间的布局。

四是社会韧性。社会韧性指市民、家庭、社会组织等社会基础力量介入社会风险治理的主观能动性与基本能力。社区是社会韧性建设的主要阵地，在社区社会生活层面发展个人、群体、组织等各类主体之间的相互关联与共识行为，[2] 以此提高各类社会主体在逆变环境中的应变性、稳定性与可持续

[1] 张超、王金玉、申世飞、秦挺鑫、杨锐、苏国锋、袁宏永：《公共安全应急标准体系构建研究》，《中国应急管理》2014 年第 8 期。

[2] 赵方杜、石阳阳：《社会韧性与风险治理》，《华东理工大学学报》（社会科学版）2018 年第 2 期。

性；通过社会组织、社会连接、社会认知等层面增强基层社区乃至整个城市系统面对灾害风险不确定性或扰动时恢复平衡状态的能力。

五是技术韧性。技术韧性是指公共安全技术在风险评估与预防、监测预测预警、应急处置与救援、综合保障等方面的抗压性、存续性及可持续发展能力的建设。通过运用云计算、大数据、互联网、人工智能、区块链等信息化技术，提高重大风险感知的灵敏度、风险研判的准确度和应急反应的及时度，逐步实现风险监测预警、应急指挥保障、智能决策支持、公众自救互救和舆情引导等应急管理能力的快速提升。[1]

六是文化韧性。文化韧性是城市风险和应急文化的培育，文化生态系统是安全韧性城市建设的软支撑。文化韧性建设涵盖安全文化的发展与培育，以及专业人才队伍的培养。具体来看，主要包含城市安全文化网络及平台的建设，安全科技知识国民教育的系统化建设，民众安全意识和避险自救、互救能力的宣传普及。

第四节　上海安全韧性城市建设的基本框架

基于上海超大城市公共安全风险的复杂性和不确定性，我们从制度韧性、组织韧性、工程韧性、社会韧性、技术韧性、文化韧性六个维度着力，在社区层面（街镇）、市域层面（区）、市级层面以自下而上和自上而下相贯通的方式构建全方位、立体化的安全韧性城市基本框架。

如图 1 所示，从上海超大城市安全韧性建设的纵向维度来看，社区（街 / 镇）、市域（区）、市共同织起城市公共安全网络。其中，社区是承托整个城市公共安全的基石，社区层面的安全韧性建设是市域层面乃至市级层

[1] 刘奕、倪顺江、翁文国、范维澄：《公共安全体系发展与安全保障型社会》，《中国工程科学》2017 年第 1 期。

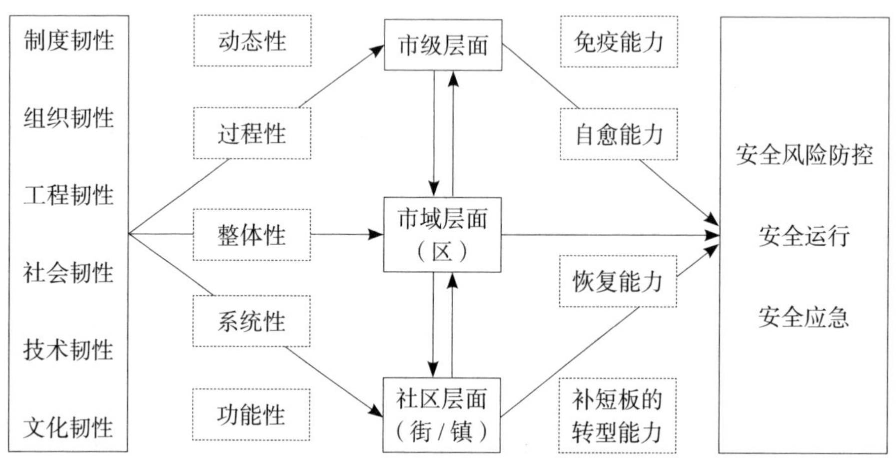

图1　上海超大城市安全韧性建设基本框架

面安全韧性的基础；市域（区）[1] 在公共安全治理体系中具有承上启下、以点带面的特殊定位，因此市域层面的安全韧性建设具有制度建设、方法运用、资源统筹、技术支撑等方面的独特优势；市级层面不断从顶层设计的角度对安全韧性建设的新问题予以回应，吸纳基层的实践样本，以此修正政策指向、开发统筹资源、完善制度设计。

我们将“韧性”全方位、多层次植入城市公共安全治理领域，以期实现城市安全风险防控、安全运行及安全应急的六个转向：从单一到整合，从短期到长期、从响应到适应、从静态到动态、从刚性到柔性，提高城市在面对公共安全风险时的免疫能力、自愈能力、恢复能力及灾后补短板的转型能力，提高城市安全韧性。

[1] 在上海，市域定位在区级层面。

第二章

安全韧性城市建设的政策演进及实践探索

党的十八大以来，面对复杂的国内外环境，艰巨繁重的改革发展稳定任务，严峻复杂的城市公共安全形势，党和国家高度重视公共安全。习近平总书记围绕防范风险挑战，应对突发事件发表了一系列重要论述。为统筹协调城市安全与发展，有效防范化解重大安全风险，上海依据中央精神，出台了一系列城市安全风险防控实施意见及工作措施，稳步推进城市安全风险防控体系的构建。

第一节　国家层面关于城市安全风险防控的相关政策

2014年4月15日，习近平总书记在中央国家安全委员会第一次会议上首次提出总体国家安全观重大战略思想，强调："要准确把握国家安全形势变化新特点新趋势，坚持总体国家安全观，走出一条中国特色国家安全道路。"[1]

2015年5月29日，习近平总书记在主持十八届中央政治局第二十三次集体学习时指出："公共安全无处不在。维护公共安全，必须从建立健全长效机制入手，推进思路理念、方法手段、体制机制创新，加快健全公共安全体系。"[2] 2018年1月7日，中共中央办公厅、国务院办公厅印发《关于

[1]《习近平谈治国理政》第1卷，外文出版社2018年版，第200页。

[2]《牢固树立切实落实安全发展理念　确保广大人民群众生命财产安全》，《人民日报》2015年5月31日。

推进城市安全发展的意见》,《意见》中指出:“随着我国城市化进程明显加快,城市人口、功能和规模不断扩大,发展方式、产业结构和区域布局发生了深刻变化,新材料、新能源、新工艺广泛应用,新产业、新业态、新领域大量涌现,城市运行系统日益复杂,安全风险不断增大。一些城市安全基础薄弱,安全管理水平与现代化城市发展要求不适应、不协调的问题比较突出。”[1]《意见》就推进城市安全发展提出“加强城市安全源头治理,健全城市安全防控机制,提升城市安全监管效能,强化城市安全保障能力,加强统筹推动”。2019 年 1 月 21 日,习近平总书记在省部级主要领导干部坚持底线思维着力防范化解重大风险研讨班上指出:“要完善风险防控机制,建立健全风险研判机制、决策风险评估机制、风险防控协同机制、风险防控责任机制,主动加强协调配合,坚持一级抓一级、层层抓落实。”[2] 2019 年 10 月 31 日,党的十九届四中全会公报指出:“要完善正确处理新形势下人民内部矛盾有效机制,完善社会治安防控体系,健全公共安全体制机制,构建基层社会治理新格局,完善国家安全体系。”

2019 年 11 月 29 日,中共中央政治局就我国应急管理体系和能力建设进行第十九次集体学习时,习近平总书记针对应急管理工作提出了一些具体要求,指出:“要健全风险防范化解机制,坚持从源头上防范化解重大安全风险,真正把问题解决在萌芽之时、成灾之前。”[3]

2020 年 4 月 27 日,习近平总书记主持召开中央全面深化改革委员会第十三次会议时强调:“发展环境越是严峻复杂,越要坚定不移深化改革,健全各方面制度,完善治理体系,促进制度建设和治理效能更好转化融合,善

[1] 中共中央办公厅、国务院办公厅印发《关于推进城市安全发展的意见》,http://www.gov.cn/zhengce/2018-01/07/content_5254181.html,2018 年 2 月 20 日。

[2]《习近平谈治国理政》第 3 卷,外文出版社 2022 年版,第 223 页。

[3]《充分发挥我国应急管理体系特色和优势 积极推进我国应急管理体系和能力现代化》,《人民日报》2019 年 12 月 1 日。

于运用制度优势应对风险挑战冲击。”[1]

2020 年 12 月 11 日，习近平总书记在主持中共中央政治局第二十六次集体学习时发表重要讲话，强调要做好新时代国家安全工作，为建设社会主义现代化国家提供坚强保障，并就贯彻总体国家安全观提出 10 点要求。一是坚持党对国家安全工作的绝对领导，坚持党中央对国家安全工作的集中统一领导，加强统筹协调，把党的领导贯穿到国家安全工作各方面全过程，推动各级党委（党组）把国家安全责任制落到实处。二是坚持中国特色国家安全道路，贯彻总体国家安全观，坚持政治安全、人民安全、国家利益至上有机统一，以人民安全为宗旨，以政治安全为根本，以经济安全为基础，捍卫国家主权和领土完整，防范化解重大安全风险，为实现中华民族伟大复兴提供坚强安全保障。三是坚持以人民安全为宗旨，国家安全一切为了人民、一切依靠人民，充分发挥广大人民群众积极性、主动性、创造性，切实维护广大人民群众安全权益，始终把人民作为国家安全的基础性力量，汇聚起维护国家安全的强大力量。四是坚持统筹发展和安全，坚持发展和安全并重，实现高质量发展和高水平安全的良性互动，既通过发展提升国家安全实力，又深入推进国家安全思路、体制、手段创新，营造有利于经济社会发展的安全环境，在发展中更多考虑安全因素，努力实现发展和安全的动态平衡，全面提高国家安全工作能力和水平。五是坚持把政治安全放在首要位置，维护政权安全和制度安全，更加积极主动做好各方面工作。六是坚持统筹推进各领域安全，统筹应对传统安全和非传统安全，发挥国家安全工作协调机制作用，用好国家安全政策工具箱。七是坚持把防范化解国家安全风险摆在突出位置，提高风险预见、预判能力，力争把可能带来重大风险的隐患发现和处置于萌芽状态。八是坚持推进国际共同安全，高举合作、创新、法治、共赢的旗帜，推动树立共同、综合、合作、可持续的全球安全观，加强国际安全

[1] 汪晓东、董丝雨：《下好先手棋　打好主动仗》，《人民日报》（海外版）2021 年 4 月 15 日。

合作，完善全球安全治理体系，共同构建普遍安全的人类命运共同体。九是坚持推进国家安全体系和能力现代化，坚持以改革创新为动力，加强法治思维，构建系统完备、科学规范、运行有效的国家安全制度体系，提高运用科学技术维护国家安全的能力，不断增强塑造国家安全态势的能力。十是坚持加强国家安全干部队伍建设，加强国家安全战线党的建设，坚持以政治建设为统领，打造坚不可摧的国家安全干部队伍。[1]

习近平总书记关于防范风险挑战、应对突发事件发表的一系列重要论述，内涵丰富，对于上海切实做好防范化解风险挑战各项工作，具有重要的指导性、针对性和现实性。

第二节　上海城市安全风险防控主要实施意见及工作措施

为提升风险防控和隐患治理能力，提高城市精细化管理水平和安全能级，助力城市实现高质量发展，根据中共中央办公厅、国务院办公厅印发的《关于推进城市安全发展的意见》精神，上海于 2019 年 9 月 2 日推出《推进城市安全发展的工作措施》。在工作目标方面，到 2020 年，建立风险管控更加科学、综合治理更加有效、法规标准更加健全的城市安全管理体系，全市 16 个区基本符合国家安全发展示范城市评价细则要求。到 2035 年，基本实现城市安全治理体系和治理能力现代化，城市运行安全和安全生产保障能力显著增强，市民安全素质明显提升，基本建成能够应对发展中各种风险、有快速修复能力的“韧性城市”。在具体措施方面，从加强城市源头治理、加强重点领域综合治理、健全城市安全防控机制、提升城市安全监管效能、强化城市安全保障能力等 5 个方面提出 20 项工作措施。

为深入学习贯彻习近平总书记关于防范化解重大风险重要论述，落实中

[1]《习近平在中央政治局第二十六次集体学习时强调　坚持系统思维构建大安全格局　为建设社会主义现代化国家提供坚强保障》,《中国应急管理》2020 年第 12 期。

共中央办公厅、国务院办公厅印发的《关于推进城市安全发展的意见》精神，强化城市运行安全保障，把安全风险化解在成灾之前，把安全隐患消除在萌芽之时，把城市的安全防线筑得更牢，扎实推进全市城市安全发展，2021年5月8日，上海市政府印发《关于进一步加强城市安全风险防控的意见》，为"十四五"开局、加强城市安全风险管理打下基础。《意见》包括总体要求、主要任务、保障措施等3个部分，共10个方面的内容。与2015年《意见》相比，增加了指导思想、工作目标的内容，工作对象由原来3类（危险源、危险区域和重点行业、企业、场所）细化为9类，主要任务由原来的5项机制（即风险隐患评估、排查、举报、信息管理、应急准备和隐患治理机制）拓展为8项重点任务，强化区域性安全风险防控机制建设，进一步推动构建以点连线扩面的城市安全风险防控体系。

上海市第十二次党代会提出要把全生命周期管理理念贯穿城市治理全过程，统筹发展和安全，全面提升城市软实力和抗风险能力，让城市更加安全、更富韧性、更有活力。确保城市安全，是必须牢牢守住的底线。要贯彻总体国家安全观，统筹发展和安全，实现高质量发展与高水平安全良性互动。加快推进韧性城市建设，健全城市安全预防体系，强化极端情况下功能运转、生产维持、生活保供、就医服务等城市基本运行保障体系，提高防灾减灾救灾能力。推进更高水平的平安上海建设，深化矛盾多元预防调处化解机制建设，加强重大决策社会稳定风险评估，提升信访工作法治化水平，完善社会治安防控体系，常态化开展扫黑除恶斗争，维护社会和谐稳定。[1]

第三节　"安全韧性"理念的提出

2020年11月3日，党的十九届五中全会审议通过的《中华人民共和国

[1] 上海市第十二次党代会报告（全文），载上海市人民政府网 https://www.shanghai.gov.cn/nw12344/20220630/ef438de7a0e1434aa13f6822bd49e3af.html，2022年6月30日。

国民经济和社会发展第十四个五年规划和2035年远景目标纲要》中首次提出建设“韧性城市”，提出：“推进以人为核心的新型城镇化。强化历史文化保护、塑造城市风貌，加强城镇老旧小区改造和社区建设，增强城市防洪排涝能力，建设海绵城市、韧性城市。提高城市治理水平，加强特大城市治理中的风险防控。”

《上海市国民经济和社会发展第十四个五年规划和二〇三五年远景目标纲要》中强调了城市“安全韧性”理念，指出：“以系统性防控守牢城市安全底线。构筑城市安全预防体系，把安全风险化解在成灾之前、把安全隐患消除在萌芽之时，把城市安全的防线筑得更牢。统筹传统安全与非传统安全，把经济金融、网络、生物、食品药品等领域安全放在突出位置。健全和完善国家安全、公共安全、社会治安防控体系和科技支撑体系。全面落实城市安全运行主体责任、领导责任、监管责任和属地责任，完善城市安全常态化管控和应急管理体系，提高风险防控和应急处置能力。强化安全韧性适应理念，在基础设施建设、应急物资储备及保障等方面保持弹性，提高城市应对灾害能力。正确处理新形势下人民内部矛盾，继续提升信访工作水平，确保社会和谐稳定。支持驻沪部队建设，强化全民国防教育，巩固军政军民团结。”[1]

在中央“十四五”规划提出建设“韧性城市”的基础上，上海“十四五”规划纲要中进一步明确提出了“强化安全韧性适应理念”。“安全韧性城市”在一般的“韧性城市”基础上聚焦了重点领域：公共安全领域，强调了韧性理念在城市公共安全治理中的重要价值。

第四节　安全韧性城市研究的实践探索

国内外对安全韧性城市的研究除了在理论上持续推进，实践上也在不断

[1]《中共上海市委关于制定上海国民经济和社会发展第十四个五年规划和二〇三五年远景目标的建议》，《解放日报》2020年12月10日。

探索。纵观国内外关于安全韧性城市建设的实践案例，主要有以下经验：一是从宏观上构建安全韧性城市建设框架，制定韧性城市战略规划；二是在全社会培育安全文化；三是构建全民参与的公共安全治理网络。

从国际经验来看，一是制定安全韧性城市发展规划，形成韧性城市建设的现代治理格局。在韧性城市建设中的一条基本经验是：依据城市发展具体需求，制定有韧性的城市战略规划、实施韧性城市管理体制。日本颁布了《国土强韧化基本法》，以应对东京首都圈的地震隐患，明确了韧性城市建设的基本目标。2014 年东京发布的《创造未来——东京都长期展望》，结合城市人口分布规律和灾害类型，制定了灾后医疗救护、应急通信、行政运作、经济活动和基础设施的恢复时间表和路线图，构建起完善的“灾害评估—预防计划—应急对策”三位一体的循环危机管理模式。纽约则聚焦气候变化和海平面上升问题，提出了韧性城市建设计划，2015 年发布了“一个纽约”计划（One New York：The plan for a strong and just city），提出具体的韧性城市建设方案。伦敦为应对气候变化，推出《管理风险和增强韧性》计划，建立“伦敦气候变化公司协力机制”，成立伦敦韧性合作组织和伦敦韧性工作小组。国外超人城市推进安全韧性建设的一条基本经验是聚焦城市发展中面临的突出风险，从制度韧性建设出发，从顶层设计出发出台城市长期发展的总体规划，从宏观上建构安全韧性城市框架。

二是在全社会培育安全文化。日本政府以每年的 9 月 1 日作为“防灾日”，并在当天举办防灾抗灾的讲座与活动。公共安全教育全面嵌入基础教育课程，居民从幼儿园开始就会接受各类安全教育课程，比如地震知识、消防课程、安全逃生模拟演练等。美国联邦紧急事务管理署（FEMA）在官方网站上发布有关灾害的知识，针对不同年龄和文化水平的民众提供相关知识。此外，安全教育也深度融入学校教育和社会生活中，学校、家庭和社区多方联合，共同推进安全教育。在一些国家和地区，医学急救知识已成为学校常规教学课程一个重要模块，成年人必须学习急救知识，警察、司机、大学生必须接受心肺复苏术和现场急救方面的培训。比如，美国开设国家灾难生命支持课程（Curriculum of National Disaster Life Support Courses，NDLS）[1] 为医务人员、消防队员、警察和民众等提供灾难急救技能培训。通过线上和线下两种培训方式，介绍临床及公共卫生的概念和科普课程。为不同行业背景的参与者提供与灾难相关的医学和公共卫生常识，培训内容实用易懂，保证学习者掌握自救及互救技能。[2]

三是构建全民参与的公共安全治理网络。美国联邦紧急事务管理署（FEMA）主张，民众与政府应当共同承担城市公共安全管理的责任。东京通过举办公共安全培训教育，如推广使用装有简易逃生工具和食品的应急救援包等实操演练，一方面向市民普及了风险防范和自救互救的知识与技能，另一方面促进了政府、社会组织、社区、企业、居民以及志愿者团体合作参与公共安全治理。日本于 1961 年制定了《灾害对策基本法》，从法律层面保障了民众参与防灾工作的权利与义务。

从国内安全韧性城市建设的实践探索来看，先后在多个城市探索了生态城市、低碳城市、绿色城市、海绵城市、智慧城市等城市建设的新理念，并推出一系列韧性城市建设的实践方案。总的来看，目前各类探索实践仍处于起步阶段，主要聚焦制度韧性的建设，如北京、广州、厦门、武汉等城市提出了“韧性城市”的建设目标。此外，义乌、德阳、海盐、黄石四座城市成功入选“全球 100 韧性城市”（100RC）项目，提出了韧性城市建设的分析框架、战略编制方法和工具。[3] 2019 年 5 月，德阳市在中欧城市科研创新

[1] Wiesner L，Kappler S，Shuster A，et al. “Disaster Training In 24 Hours：Evaluation of A Novel Medical Student Curriculum In Disaster Medicine”. *The Journal of Emergency Medicine*，Vol.54，No.3，Mar. 2018.

[2] 王璐、宁宁、郭杨、吴群红、郝艳华：《国家灾难生命支持课程介绍及启示》，《卫生职业教育》2021 年第 13 期。

[3] 肖文涛、王鹭：《韧性视角下现代城市整体性风险防控问题研究》，《中国行政管理》2020 年第 2 期。

产业发展论坛上正式发布了《德阳韧性战略行动计划》，该《计划》成为国内首个韧性城市战略行动计划。《计划》明确了德阳市城市韧性建设的四大重点领域分别为乡村振兴、涉磷片区经济社会转构建型、水环境治理和抗震系统韧性建设，为其他城市韧性发展提供了行动参考。2017 年 6 月，中国地震局提出实施包含“韧性城乡计划”在内的《国家地震科技创新工程》，北京成为全国首个将“韧性城市”建设纳入城市总体规划的城市，目前已进入实质性建设阶段，形成了清华园社区地震安全韧性评估示范工程、大中城市地震灾害情景重点专项等，并计划在通州城市副中心开展试点。[1]

纵观国内外安全韧性城市建设的实践探索，可以发现，顶层设计做好战略规划是各个国家和地区推动安全韧性城市建设的基本前提和保障。此外，民众全面参与韧性城市建设的重要性也已达成共识。自助、互助、公共援助是韧性城市建设的源动力。

[1] 邱爱军、白玮、关婧：《全球 100 韧性城市战略编制方法探索与创新——以四川省德阳市为例》，《城市发展研究》2019 年第 2 期。

第三章

上海公共安全风险防控面临的挑战及安全韧性城市建设的实践成效

上海城市规模的巨型化，人口的高流动性、高异质性带来了城市公共安全风险的复杂性和不确定性，成为各类传统和非传统风险的“聚集地”与“高发地”，城市公共安全面临巨大挑战与严峻考验。

第一节　上海公共安全风险防控面临的挑战

上海是一座拥有2400多万常住人口、500多万流动人口，270多万家市场主体的超大型城市，地铁运营总里程已达700公里，地铁日均客流为1200万人次，30层以上的高层建筑有1500多幢，建筑总量达13亿多平方米，路灯、消防栓等1495万个城市部件，住宅小区1.4万多个，电梯24万余台，水、电、气、油等地下管网设施长度达12万多公里。[1] 上海的城市规模巨大，建筑密集，人口密度高、流动性大，在资源、环境、公共安全等领域都面临着严峻挑战。对各类安全风险进行辨识、分析、评价、控制并持续改进，形成能够应对各类风险、有快速修复能力的“韧性城市”已是迫切之需。本研究聚焦上海安全韧性城市建设的成效与困难等问题，在市域层

[1] 柴俊勇：超大型城市上海面临超出一般逻辑的社会风险，须加强这一长效机制建设，载上观新闻 https://www.shobserver.com/staticsg/res/html/web/newsDetail.html?id=315494，2020年12月2日。

面（区）选取4个区，在社区层面（街/镇）5个街镇进行深入调研。具体来看，市域层面选择了长宁区、徐汇区、闵行区、崇明区作为中心城区、近郊、远郊的代表展开实地调研；在社区层面选取浦江镇作为郊区大镇、大居、新型城市化区域的代表，虹桥街道作为高端和先行街道、涉外、国际社区代表；黄浦区五里桥街道作为中档先进街道，以居住为主的社区代表；虹口区欧阳路街道作为以居住为主的老城区代表；外滩街道作为公共安全问题突出的中心城区代表。此外，我们对徐汇区人民法院诉调对接中心、徐汇区城运中心、长宁区凝聚力工程博物馆、长宁区心理服务中心、仙霞街道虹仙数字社区、北新泾街道综治中心、闵行区梅陇镇城运中心、闵行区梅龙镇康城社区、虹桥镇城市“安全屋”、崇明区检察院（公益诉讼跨区域协作）、外滩街道城运中心、古北市民中心（虹桥街道基层立法联系点“全过程民主”诞生地）等现场点进行调研，通过案例挖掘，总结了基层社区层面及市域层面建设安全韧性城市的成效经验。

2021年5月8日，上海市人民政府发布《关于进一步加强城市安全风险防控的意见》，确定了上海城市安全风险防控的9类工作对象，主要包括：危险化学品、建筑、消防、城市“生命线”重要基础设施、大型群众性活动、自然灾害等安全风险。本研究聚焦《意见》中明确的9类安全风险防控工作对象，通过进一步深入调研发现，当前上海城市整体性风险防控仍存在一些盲点和弊端。

第一，城市“生命线”重要基础设施存在安全风险隐患。一是中心城区存在大量流动燃气钢瓶。由于中心城区有很多老旧大楼，这些楼房不具备安装管道燃气的条件，导致这些区域每天都有大量的燃气钢瓶在市场上动态流转。存在一些过期、报废、改装等不合格钢瓶在市场流通的现象；气瓶储存场所的安全保障不到位；存在不具备安全资质的燃气运输行为；居民液化气使用安全防范意识不到位等。中心城区燃气钢瓶的存储、运输、使用等环节都存在安全隐患，威胁居民的生命财产安全。二是老旧小区天然气管道老化存在安全隐患。一些老旧小区架设的天然气管道由于长时间维护不及时而造成管道锈蚀严重，存在引发煤气泄漏事故的风险。

第二，电瓶车违规充电、老旧小区消防通道堵塞等消防安全问题突出。电瓶车充电安全隐患问题依然没有得到妥善解决。一是电瓶车飞线充电现象依然存在。在一些老旧小区，居民从自家窗户拉出拖线板，电线沿着墙壁垂下，有些电线老化严重，铜丝暴露在外。此外，给电动车充电的插座随意放地上或车架上，没有任何防护措施。飞线充电现象在一些社区依然存在，目前没有找到好的解决办法。调研发现，许多街道工作人员都反映，2021 年 5 月 1 日起施行的《上海市非机动车安全管理条例》有些条款现实操作中遇到许多问题。二是老旧小区消防通道堵塞。调研发现，在一些老旧小区，仍存在私家车、电动车以及三轮车沿小区道路随意停放，占用消防车通道的情况。一旦发生火情，消防车无法及时从消防通道经过，妨碍及时救援。

第三，老旧小区地下空间管理存在风险隐患。在中心城区老旧小区地下空间管理混乱，一些老旧高楼地下空间的设备年久失修，有的出现大面积漏水现象，有的出现线路老化问题，有的建筑结构存在安全隐患，梅雨季漏水现象严重，风险隐患特别大。老旧小区缺少专门的维修经费，地下空间安全隐患的排查与治理工作仍不到位，存在安全风险隐患。

第四，老旧小区及保障房社区建筑安全风险隐患突出，防灾减灾基础设施超龄服役。在一些老旧小区以及保障房社区，楼房建筑安全问题较为突出：如高空坠物、高楼电梯老化、因不同地质条件造成的建筑物沉降不均匀、因建筑质量导致大楼外墙保温板及饰面层脱落等现象。此外，由于前期规划设计中没有留足城市防灾减灾的基础设施的周转率和冗余量，使得中心城区许多老旧的防灾减灾基础设施被迫超龄服役，存在因工程老旧、质量出问题而成为“定时炸弹”的风险。

第五，城市安防“最后一公里”，尤其是夜间安全问题，还存在薄弱环节。一是夜间至凌晨防控力量薄弱。一些街道大量非警务类报警牵制基层派出所警力，降低整体警务效能；随着郊区城市化进程的进一步加快，警力与警情、管理需求的矛盾将越发突出。二是街面防控力量薄弱。如有的地方路灯较少，警力部署不充分。现有基础设施（如治安岗亭）的安全效能发挥不足。有的岗亭被弃用，有的岗亭缺少维护，影响城市的整洁和美化。三是群众社会参与不够，自救互救能力差。许多群众缺乏防范风险的观念，对于危机的征兆反映不敏锐，应急避险的常识少。

第六，社区内“关键少数”人员的管理存在漏洞。一是社区中患有精神疾病人员尤其是跨区严重精神障碍患者综合管理服务存在问题。调研发现，跨区严重精神障碍患者的属地化管理存在问题，此外，公众对常见精神障碍和心理行为问题的认知率仍比较低，缺乏自我保护意识和能力。二是刑满释放人员社区矫正工作缺乏专业力量支持。针对特殊人群尤其是刑满释放人员的管控帮教工作部门联动不够，心理干预不及时，存在再犯罪的隐患。此外，鼓励、引导和支持社会组织参与帮教特殊人群的制度和机制仍未完善，刑满释放人员的社区矫正工作缺乏专业力量的支持。

第七，社区中新兴风险识别水平较低，缺乏专业指导。一是社区内的一些风险隐患点和危险源的排查工作不到位，缺乏专业的检查人员和设备。基层社区缺乏专业的风险和危害识别、风险评估以及有效的风险管理，社区在处理应急事件时经常陷入被动状态中。二是社区对于新型风险识别、处理能力较低。比如，社区中的电信诈骗案件以及 P2P 互联网金融点对点借贷平台暴雷的现象。社区管理人员应对这种新兴风险的专业性不够，且没有外部专家参与研判，风险识别主体单一，居民参与度低，导致对社区新兴风险的认知和评判产生偏差，造成风险识别和应对困难。

总的来看，目前上海城市公共安全风险呈现出复合性、叠加性、联动性、扩散性、隐蔽性增大等特征。一方面，传统风险与非传统风险交织，尤其是非传统风险存在于日常生活中的方方面面，与居民联系紧密且隐蔽性大。另一方面，面对新形势下产生的新问题，目前基层社区对新兴风险管理工作的适应性普遍较差，基层安全风险防控压力较大。当基层社区的安全风险在一定条件下由潜伏状态转化成激活状态时，单一风险就可能演变为一系列系统性风险，威胁整个城市的公共安全。因此，对社区安全风险进行有效的辨识、分类，解析、评价、控制并持续改进是安全韧性城市建设的基础。

《上海市人民政府关于进一步加强城市安全风险防控的意见》中制定了上海城市安全防控的工作目标："到 2025 年，建立完善覆盖各区、各行业、各领域、各重点单位的城市安全风险防控体系，健全优化安全风险防控机制，基本形成'各级政府分级负责、相关部门分类管理、责任主体认真履责、社会公众积极参与'的城市安全风险防控格局。"我们的调研发现，安全发展已贯穿上海城市治理各领域和全过程。为破解公共安全"难题"，各层级各部门均有许多实践探索，通过强化顶层设计、促进责任主体协作联动、整合社会资源、提高技术赋能、完善基础设施、普及安全文化等精耕细作，有效推动了制度韧性、组织韧性、社会韧性、技术韧性、工程韧性以及文化韧性建设，提高了城市整体安全韧性水平。

第二节　制度韧性建设成效

2020 年 12 月 11 日，习近平总书记在主持中共中央政治局第二十六次集体学习时发表重要讲话，强调："坚持统筹推进各领域安全，统筹应对传统安全和非传统安全，发挥国家安全工作协调机制作用，用好国家安全政策工具箱。"[1] 制度建设是安全韧性城市建设的基本保障。制度韧性建设首先要用好安全政策工具箱，而相关规划政策与制度设计的前瞻性、适应性及可持续发展能力是制度韧性建设的着力点。调研发现，上海从强化顶层设计、

[1]《坚持系统思维构建大安全格局　为建设社会主义现代化国家提供坚强保障》，《人民日报》2020 年 12 月 13 日。

完善法治标准规范、加强党的全面领导三个方面推动制度韧性建设，运用制度威力应对风险挑战的冲击，取得了一定的实践成效。

一、强化顶层设计

以习近平总书记关于防范化解重大风险重要论述以及中共中央办公厅、国务院办公厅印发的《关于推进城市安全发展的意见》精神为指引，上海在市级层面推出一系列法律法规和政策文件，着力提高城市安全能级，助力城市高质量发展和“韧性城市”建设的顶层设计。具体来看，市委、市政府于2019 年 9 月 2 日发布《推进城市安全发展的工作措施》，提出了分阶段的工作目标以及 20 项具体工作措施。从加强城市源头治理、加强重点领域综合治理、健全城市安全防控机制、提升城市安全监管效能、强化城市安全保障能力等 5 个方面夯实城市安全治理体系和治理能力的制度韧性。

2021 年 5 月 8 日，上海市政府印发的《关于进一步加强城市安全风险防控的意见》，细化了城市安全风险防控的 9 类工作对象以及 8 项重点任务，强化了区域性安全风险防控机制建设的顶层设计，为推动构建以点连线扩面的城市安全风险防控体系提供了制度保障。为强化城市运行的功能韧性、过程韧性和系统韧性，保障上海始终位于全球最安全城市之列，2021 年 8 月 16 日，市政府发布了《上海市应急管理“十四五”规划》。《规划》提出建设 19 个重点工程项目，包括 7 个基地设施、物资装备类建设工程，6 个系统平台类工程，3 个监测预警网络工程和 3 个综合类项目。从宏观层面，营造优化协同高效的新局面；从中观层面，建设灾害事故预防体系、应急综合救援体系、社会多元参与体系、依法规范治理体系；从微观层面提升六大综合能力构建整体合力。

二、完善法治规范标准

为构建法规标准更加健全的城市安全管理体系，市级层面制定出台了一系列地方性法规和细则，使得城市安全治理行针走线更规范。修订《上海市消防条例》等地方性法规，制定《上海市交通领域管理精细化工作方案》等，出台《进博会展台搭建设施安全管理标准》《户外招牌设置导则》等标准。2021年5月1日起施行《上海市非机动车安全管理条例》。2021年4月，在上海公安的积极推动下，《上海市公共场所人群聚集安全管理办法》审议通过，要求严把大型活动的"源头审批关"和"现场管理关"，为大型活动安保工作提供有力的法律支撑。法治建设是构建安全韧性城市的根本保障，不断完善的法治规范标准也为公共安全精细化管理提供了标尺和依据。

三、加强党的全面领导

"坚持党对国家安全工作的绝对领导，坚持党中央对国家安全工作的集中统一领导，加强统筹协调，把党的领导贯穿到国家安全工作各方面全过程，推动各级党委（党组）把国家安全责任制落到实处。"[1]党的领导贯穿到安全工作的全过程各领域是制度韧性建设的重要抓手。长宁区的"凝聚力工程"和崇明区的"叶脉工程"建设，通过市域层面基层党建布局，引领推动安全治理资源力量全面融合，把党的领导融入市域安全工作的方方面面，取得一定工作成效。

（一）市域层面党建全面统筹、全域推进安全治理：长宁区"凝聚力工程"

长宁区通过新时代"凝聚力工程"建设，持续提升基层党建质量。通过全面统筹、全域推进，实现城市基层党建引领市域公共安全治理体系和治理能力现代化水平的提升。凝聚各方力量，回应群众期盼，不断增强基层党组织的创造力、凝聚力、战斗力，在贯彻落实党中央、市委一系列重大战略、重大工作中发挥领导作用，在团结广大群众、凝聚各方力量中加强有效引领。

---

[1]《习近平在中央政治局第二十六次集体学习时强调　坚持系统思维构建大安全格局　为建设社会主义现代化国家提供坚强保障》，《中国应急管理》2020年第12期。

1. 以基层党组织的政治凝聚，形成市域安全治理合力

各级基层党组织在开展各项工作时注重体现党的宗旨、意志和要求，体现党组织的作用，使群众时时刻刻感受到党组织就在身边。把企业、机关、学校、科研院所、街镇社区、社会组织等基层党组织建设成为宣传党的主张、贯彻党的决定、领导基层治理、团结动员群众、推动改革发展的坚强战斗堡垒。党支部担负直接教育党员、管理党员、监督党员，组织群众、宣传群众、凝聚群众、服务群众的职责，引导广大党员发挥先锋模范作用。注重发挥人大代表、政协委员中党员作用，实现对全区各界人士、各党派团体的政治凝聚，为推进市域公共安全形成强大合力。

2. 以组织凝聚，织密市域安全治理的组织体系

一是织密建严党的组织体系。区委负责总揽全局、协调各方，确保党中央、市委的决策部署在长宁有力贯彻落实；各街镇党（工）委发挥领导核心作用，充分整合各方力量、调动各类资源推动区域发展，解决人民群众急难愁事；大口党（工）委抓基层党建的职责，做到把好方向、建好机制、管好队伍、担起责任；行业系统主管部门党委承担好本领域行业党建指导责任。二是健全城市基层党建工作机制。贯彻落实“城市基层党建 20 条”精神，深化三级联动体系建设，区委作为“一线指挥部”负责整体布局和指挥协调，街镇党（工）委作为“龙头”负责统筹推进和抓好落实，居民区党组织作为“战斗堡垒”负责组织动员和服务管理。三是创新党组织设置方式。通过龙头企业和枢纽型组织带动、按“业缘”和“趣缘”联建、选派党建指导员等多种举措，创新组织设置，着力消除党建“空白点”。健全资源整合型党建模式，推动区域化党建延伸至业态相同、功能相似、区域相近的新领域、新空间，大力推进企业群、产业链、功能区党建创新。

3. 以服务凝聚，推动市域安全治理的资源整合

一是拓展联系服务群众方式。坚持面对面走访联系群众，深入开展大调研活动，不断深化“走百居、访千企、进万家”大走访和“两代表一委员”

联合接待，继承弘扬“四百”精神，始终把群众冷暖放在心上，努力解决群众反映的具体问题。二是优化基层社会安全治理格局。不断完善社区党建、“两新”组织党建、驻区单位党建“三建融合”机制，积极构建党组织统一领导、各类组织积极协同、广大群众广泛参与的基层安全治理体系，建立健全以党组织为核心，居委会为主导，业委会、物业公司和其他各类组织为补充的基层安全治理架构，促进党建引领下的自治、共治、德治、法治一体化推进。三是提升楼宇党建服务能级。完善优化“党建连线、行政联手、社会联动”运作模式，推动党政群资源、条块资源、社会资源一体化联动、精准对接，形成“六个便利”服务资源清单、需求清单和项目清单，有效服务企业、员工。四是打造过硬党建骨干队伍。坚持推进“班长工程”，聚焦活力、能力、动力，健全锻炼、培养、选拔、使用工作链，实行居民区党组织书记区级备案管理制度，着眼队伍适龄化、管理规范化、培育科学化、能力专业化，建设一支党性强、能力强、创新意识强、服务意识强的居民区党组织书记队伍。

4. 以文化凝聚助推安全文化韧性建设

一是塑造红色文化品牌。立足长宁人文特色、区位特点、历史特征，规划设计开发红色旅游线路，讲好红色故事、讲好街区历史、讲好文化传承，连点成线、聚线成面，促进党建、文化资源融合融通融汇。二是丰富群众精神文化生活。着力在保护传承、拓展提升、普及安全文化教育上下功夫，使城区文化自信和市民文化归属感进一步增强。

“凝聚力工程”创新了城市基层党建工作机制，修正了传统基层党建工作的一系列弊端，如：单一街道社区党建；各领域党建各自为战、封闭运行；依靠基层“单兵作战”；就党建抓党建的自我循环等。“凝聚力工程”形成了纵向贯通、横向融合的工作格局，形成上下联动和整体合力，把党的领导贯穿于市域社会治理现代化全过程：一是在市域范围内开展全域党建；二是各领域党建互联互动、条块结合；三是各级党组织“协同推进”；四是党建工作紧密结合中心工作，实现融合发展。“凝聚力工程”通过全面统筹、全域推进，把公共安全基础防线项目融入基层党建格局中，在市域层面以基层党组织的政治凝聚，形成市域安全治理合力；以组织凝聚，编织安全治理的组织体系；以服务凝聚，推动市域安全治理的资源整合；以文化凝聚助推安全文化韧性建设。“凝聚力工程”在市域层面搭建了城市基层党建引领市域公共安全治理体系和治理能力现代化水平的基本制度框架。

（二）以党建“微网格”落实、落细公共安全治理：崇明区“叶脉工程”

崇明区面积1413平方公里，人口68万，辖18个乡镇268个村和89个居委。2002年，崇明进行了村庄行政区划合并，村域成倍扩大，村级组织的管理服务范围大幅增加，加上人口老龄化严重，社区公共安全治理面临挑战。为此，崇明以岛域为“绿叶”，以网格为“脉络”，推动实施党建“叶脉工程”治理模式，实现“人到格中去、事在网中办、服务零距离”。

1. 坚持全域覆盖，体现网格治理的细度

坚持把党建“微网格”作为社区治理的基本模块，推动网格科学化设置、实体化运作。一是做细治理模块。根据区域范围、人口数量、生产生活习惯等，将每个村居细划为3—5个党建“微网格”，每个网格覆盖1平方公里左右，形成“15分钟治理微圈”。全区共划分网格1000个，在此基础上，以党建“微网格”为基本依托，将下沉在社区的综治网格、服务网格等融合成一张网，实现“多网融合”，带动资源和功能的有效整合。二是做强治理核心。坚持把支部建在网格上，结合村居党组织设置调整优化，在党建“微网格”全覆盖建立党支部（党小组）。目前，全区共建立网格党支部923个（其余为党小组设置），并进一步明确网格党支部班子建设、组织生活、工作职责等规范标准，构建形成“村居党组织网格党支部。（党小组）一党员家庭”三级联动的组织体系，打造网格治理的坚强领导核心。三是做实治理平台。坚持“一网一点全面覆盖”，依托闲置公房、党员自有房屋等，整合新时代文明实践点、睦邻点、姐妹微家等“微阵地”，推进网格党群服务点“多点合一”建设，带动资源整合、功能复合、优势叠加。在每个网格党

群服务点设置“庭院课堂”，每月定期开展集体学习、政策宣讲、手工编织、文化娱乐等活动，增强服务点的吸引力和影响力。

2. 坚持重心下移，增强网格治理的力度坚持“一竿子插到底”

依托党建“微网格”，把人员、资源、服务等整合到群众“家门口”，让村居有资源有能力统筹推进网格“微治理”。一是强化人员集中。由村居干部分片包干，担任网格长（网格党支部书记），配齐配强三支队伍（管理团队、工作团队和志愿团队）。以党小组长、村居民小组长、乡贤等为主体建立 683 人的管理团队；以生态就业队伍为主体，突破条线管理、业务分工等限制，建立 8092 人的工作团队；以党员和群众骨干为主体，建立 1.4 万余人的志愿团队。比如，城桥镇探索建立网格联动团队，整合下沉派出所、城管中队、市场监管所等执法人员 71 名，并建立“约请”制度，把一线指挥权交给网格长。二是强化资源集约。建立资源清单化管理制度，全面梳理乡镇行政、群团、社会、驻区单位资源，挖掘民间“能人”，配套专项活动经费，直接配送到网格，提高网格一线解决问题、服务群众能力。比如，部分乡镇把“法律明白人”工作室延伸到网格，安排律师每月定期到网格开展法律咨询、法律援助等服务，深受群众欢迎。三是强化服务集成。将社区各项事务清单汇编成册，作为网格党群服务点“标配”。对 70 岁以上老人和行动不便的群众，提供社会救助、劳动医疗、农民建房等便民代办服务。探索开展“漂移”志愿服务活动，定期提供法律咨询、医疗保健等服务，并配备血压计、血糖仪、轮椅、维修工具等共享工具箱，供群众借用，努力打造开放性、共享型的服务平台。

3. 坚持着眼长效，提升网格治理的温度

突出以人民为中心的工作导向，以建立健全长效工作机制为抓手，不断拓展党建“微网格”功能，打造有温度的社区，完善联系服务群众机制。深化“民情记”大走访活动，村居干部每年走访全覆盖，做到“五必到五必访”（群众有不满情绪、突发事件、矛盾纠纷、重病住院、喜事丧事等必到，对困难家庭、病危残疾家庭、空巢老人及留守儿童家庭、信访户、种养专业户必访)。比如，三星镇新安村探索“户长制”，每5—8户村民为一个单元户组，每个户组确定1名党员户长，做好关爱特殊困难群体、开展日常巡查等工作，完善问题快速反应机制。发挥党建“微网格”排查精细、管控精准、预警精确的优势，建立问题“发现—会商—处置反馈”闭环管理机制，助推新冠肺炎疫情防控、社区服务等重点工作开展，实现“小事一格解决、大事全网联动”。比如，港西镇依托党建“微网格”，排查锁定“迎花博、治五棚”中不愿拆、拆不动的点位，协调网格力量共同攻坚，确保工作顺利推进。三是完善网格自我管理机制。结合村规民约，整合村级自主支配的服务资源、资金，通过以奖代补、村民自治等，激励群众自觉爱护环境、移风易俗遵纪守法、促进和谐，完善群众参与的制度化渠道。比如，将村级河道治理的资金下沉到一线，发动村民担任村级河道“民间河长”，领取定额补助，管好宅前屋后水域环境，效果良好。

4. 坚持智慧赋能，提高网格治理的效度

注重科技支撑、智慧赋能，运用现代信息技术扁平化、交互式、快捷性的特性，提升网格运行的高效性。一是“一网统管”依托城乡运行管理平台，全面推进党建“微网格”治理信息系统建设，并与公安、水务、环保等信息系统全面对接，推动信息互通、数据共享，实现一网归集、一口上下、一体运行，进一步放大网格治理效应。二是一屏集成。以“人、地、事、组织、阵地”为数据核心，将党建“微网格”设置分布、党群服务阵地功能布局、三支队伍整合配备以及“微网格”内发现问题的跟踪处理等情况屏集成，形成了电子“作战地图”，为网格精细化治理提供基础支撑。三是一线联动。依托政务微信，推动乡镇、村居以及党建“网格”形成联动，提高网格内市容环境、社会治理等问题的全覆盖快速巡查、发现和前端处置的效率。同时，在网格内探索运用视频智能分析系统，通过三支队伍职责全岗、联动，确保网格内快速解决问题。

第三节　组织韧性建设成效

在组织韧性建设方面，上海各层级各部门通过完善组织体系、人才培养体系，优化统筹协调机制（区域协同联动、跨部门领导协调能力等）、资源调配机制、人员动员机制等提升安全韧性城市建设的组织韧性。

一、市级层面完善组织体系建设

从市级层面来看，强化工作协同，完善组织体系建设，促进协作联动、整合资源形成工作合力。针对市和区城市管理事权，上海市在市安委会框架内，成立城市安全发展专业委员会，负责研究解决影响城市安全发展的突出问题和风险隐患，协调市级部门和单位为各区创建提供指导和支撑，并研究制定城市安全发展示范街镇建设标准。[1]

二、市域层面优化统筹协调机制

整合行政资源，统筹协调各部门协作联动，"高效办成一件事"是组织韧性建设的重要内容。徐汇区通过整合条块力量，强化跨部门、跨层级协同联动，实现数据互联，力量整合，在优化统筹协调机制，提高组织韧性方面取得了一定成效。

（一）"三中心合一"构建组织协调架构

徐汇区行政服务中心的城运大厅是由三个部分组成，徐汇区行政服务中心，徐汇区城运中心和徐汇区大数据中心三中心合一。根据市委、市政府"一网通办"和"一网统管"的要求，设置了前、中、后三个平台。前台是徐汇区行政服务中心，以指尖上、家门口、一体化为目标，应用人工智能和

[1] 付瑞平：《探索超大城市安全发展的新路子——访上海市安委办常务副主任、应急管理局局长马坚泓》，《中国应急管理》2020年第8期。

大数据的新技术，在全区推出综合治理工程，并且在全区推出 24 小时自助服务的这个办法。中台是联合办公的模式，全区的 11 个委办局，包括公安、执法监管和城管等一些重要的委办局以及 13 个街镇都在进行联合办公，高效办成一件事。后台是大数据中心，通过数据的汇集，数据的治理，提供更高质量的标准化数据，使基层切实感到好用、实用和爱用。

具体来看，行政服务中心在前端推进政府改革精简化。围绕“高效办成一件事”，大力推进审批“两集中”、受理“零差别”改革，将 83 个部门专窗整合为 18 个政府综窗，构建“前中后台”一体化办理模式。首创规模化 24 小时自助服务大厅，覆盖 730 余项事项，并逐步向社区、商圈、园区、徐汇滨江、银行网点等延伸。

城市运行管理中心在中端推进城市管理精细化。围绕“高效处置一件事”，加快构建“九个一”工作体系，基本实现“一屏观全域、一网管全城”建设目标。一个数据仓库，全量汇聚，开放共享；一个物联网平台，集约部署，泛在感知；一个轻应用平台，即搜即用，无缝接入；一个城运中心，实时运行，高效联动；一个指挥大厅，动态把握，科学调度；一套派单系统，智能分发，精准到人；一条为民热线，一号对外，联动融合；一支综合队伍，格中有人，责权清晰；一部处置终端，三屏联动，闭环管理。

大数据中心在后端推进数据支撑精准化。围绕数据全生命周期管理，归集市、区及第三方社会数据共计 11.44PB，累计交换总数 1202.96 亿条，夯实数据底座，做强城市云脑，开发建设统一移动应用平台，探索建立数据分级分类安全管理机制，重点解决数据的治理标准问题、质量控制问题和价值实现问题，全力支撑全区各类专项工作。

（二）建立平战联动机制

徐汇区明确了区级城运平台和大平安、大建管、大市场、大民生领域深化应用的“一梁四柱”平台架构，依托区城运中心，推动网格管理、“12345”市民服务热线、平安综治、市场监管、建设管理、民生服务等多领域的数据汇聚、业务协同及实战赋能，强化日常运维管理服务；依托区应急联动指挥中心，推动值班值守、安全生产、防汛防台、公共卫生、轨道交通等多业务的功能整合、联勤联动及应急处置，实现7×24小时应急响应。两个中心平战联动、昼夜衔接，确保365天全天候城市运行管理不间断。[1]

（三）探索“两网融合”：“一网通办”数据赋能“一网统管”的事中事后监管

作为“一网统管”3.0的阶段性成果，徐汇探索“两网融合”治理的可能性，利用“一网通办”的海量数据来赋能“一网统管”的事中事后监管。通过经营主体法人库、历史建筑交易等数据的动态捕捉和比对，第一时间发现可能发生的建筑装修、业态调整等，提前介入、高效处置。末端通过数据分析发现问题，街镇城运中心协调指挥，直接派单至网格员。随着徐汇区城运中台建设的逐渐成形，借助海量数据和强大的AI数据模型，风貌区保护的手段也越发多样性。装在陆巡车辆上的智能摄像头会把收集到的数据统一归集到徐汇区城运中台，通过城运中台把收集到的数据初步筛选后，再通过AI智能算法分类梳理，而陆巡设备上传的数据最终会得到时间、门牌号和需要查看的内容等关键性数据。

这些数据最终会呈现在街面网格员的“汇治理”手机端上，“比如某处沿街店铺私设户外广告，系统提示需要上门核实”。徐汇区城运中台在对数据进行分析后，自动把案件信息推送到所有相关职能部门工作人员的手机上。最终，通过多部门联合执法，发现这家店铺确实存在私设户外广告牌、改变墙体颜色等行为，经联合执法后恢复原貌。从依靠“两张网”的数据到多设备联动，城运中台的出现让数据实现“自产自销”。

[1] 上海市徐汇区人民政府印发《徐汇区关于加快推进城市运行“一网统管”先行区建设的工作方案》的通知，《上海市徐汇区人民政府公报》2020年6月15日。

三、市域层面优化资源调配、人员动员机制

面对突发公共安全事件，良好的应急心理服务体系有助于疏导人们的心理恐慌和焦虑情绪，进而树立强大的心理防线。[1] 长宁区探索在市域层面建设“社会心理服务体系”，把心理服务主动融入社会治理各领域，逐步形成了以社会化、专业化、制度化“三化”为主要特征的社会心理服务体系。通过心理服务体系建设优化了制度韧性建设中的资源调配、人员动员机制，夯实了城市公共安全的心理防线。

（一）党政主导构建社会化的社会心理服务网络

一是健全组织架构。发挥区委、区政府分管领导“双组长”和16个部门组成的领导小组牵头抓总、统筹协调作用，定期研究部署重点工作。同时，将社会心理服务试点工作纳入党政领导干部和平安建设（综治工作）考核，纳入基本公共服务，纳入平安长宁、健康长宁、文明城区建设考核体系，切实形成党政领导、政法牵头、部门负责、社会参与、专业支撑、群众受益的工作格局。二是搭建服务网络，实现全面覆盖。在线下，持续深化1个区社会心理服务中心、10个街镇社会心理服务工作站、185个居民区社会心理服务点三级专业平台和多部门、多领域、多行业平台建设（即“1 + 10 + 185 + X”），并在此基础上，区卫健委将全区40个卫生服务站心理咨询点融入三级专业平台，面向“一老一小多特”等重点人群，持续开展社会心态预测预警，在区妇幼保健院、天山中医院增设心理咨询服务门诊，强化医疗机构心理服务体系建设。区妇联推进白玉兰开心家园“1 + 3 + 10”站点建设，开展心理服务等“四位一体”维权服务。在线上，区精卫中心成为全市首家提供互联网医院整合式服务的区级专科医院，让群众享受高效便捷的“指尖上”“掌心上”服务。区文明办依托区未成年人心理健康辅导中心，

[1] 辛自强：《加强应急心理服务体系建设》，《中国社会科学报》2020年3月10日。

通过热线、网站等方式，为未成年人提供24小时在线服务。区委政法委通过专线热线电话，实现心理咨询服务24小时“不打烊”。三是培育专业队伍，实现资源整合。强化跨界融合、有机衔接，持续打造医疗机构心理健康队伍、心理危机干预队伍、心理咨询师和心理健康社会工作者队伍、心理健康志愿者队伍等4支骨干队伍，配齐配强线上线下心理服务力量，通过业务培训、专家论证、专项督导，切实提升社会心理综合管理服务能级。

（二）突出政社联动，探索专业化的社会心理服务模式

一是聚焦普惠人群，探索常态常新宣传教育模式。依托专业团队组建社区心理健康宣巡讲团，依托线上线下阵地，打造新冠肺炎疫情常态化心理健康宣教品牌，形成立体、多元的全民参与心理健康科普新格局。2020年，全区共开展心理健康主题宣传活动140场、心理健康培训95场，受益人次达3.85万。区妇联打造新婚夫妇“新人成长营”，区委政法委打造“长宁知心客”季刊等宣传阵地，并公开出版“知心课——予你翻越峻岭的力量”个案集，不断提升心理文化覆盖面、穿透力。区委宣传部将社会心态疏导与疫情防控相结合，依托学习强国、上海长宁等App平台，推出“宁心课堂”7部系列微网课，观看量10万余人次。二是聚焦重点人群，探索线上线下疏导干预模式。针对中小学生群体，区卫健委、区教育局依托“医教结合”平台，坚持全生命周期发展理念，按照中小学学生的不同学段，通过前端注重学生心理健康倡导，中端开展抑郁和心理危机动态监测和评估，后端启动罹患精神疾病“回流”学生校内康复计划和辅读学校家长及学生专项心理干预服务，建立健全学校社会心理健康全链条服务模式，并探索开展“心理顾问制”“健康校长计划”试点，积极构建“家—校—医—社”中小学心理服务体系。2020年，成功化解学生和教师心理危机苗子事件8起，满意率97%。团区委依托微信平台，推送中高考减压视频，帮助学生缓解考前焦虑。针对疫情期间高危群体，区精卫中心在武汉建立全市首家“沪鄂心连心”心理工作室，为长宁援鄂医护人员供远程心理支持和督导30次，组织心理咨询师、精神科医生为集中隔离酒店客人、医护人员、工作人员，提供24小时线上心理服务，累计心理疏导和评估351人次，配送精神科药物10人次。区委政法委组织42名心理咨询师第一时间进驻长宁区临时集中留验点，累计为1462名入境人员提供心理疏导服务。针对在职员工群体，区总工会建立“区总工会服务咨询中心—行业事业工会—基层工会—职工心理关爱大使联盟”与精神科专业机构双向运转模式。全区178个机关、企事业单位为员工提供心理服务，服务覆盖率超过50%，2020年累计受益人群达到1.85万人次。三是聚焦特殊人群，探索从点到面风险防控模式。依托“心防”工程建设，在特殊人群“4 + X”(4即专业社工、社区民警、居委干部、志愿者）末端服务管理机制上叠加心理专业队伍，为全区近万名特殊人群建立心理健康档案，开展分色风险预警，促进社区、社工、社会心理专业团队“三社联动”；针对严重精神障碍患者，区卫健委依托精卫综合管理小组，探索社区个性化柔性访视、人文关怀随访和综合管理模式，区公安分局与交通大学精神卫生中心研究团队合作研发“语音特征精神疾病预警系统”App，进一步提升高危人群发现干预能力。2020年，严重精神障碍患者报告患病率达到5.66‰，规范管理率达到99.52%，规律服药率达到81.65%，精神分裂症服药率达到92.7%，居家患者社区康复参与率达到94.78%。

（三）形成制度化的社会心理服务机制

一是健全规范化购买机制。在华师大支持下，探索建立起一整套科学高效的政府购买社会心理服务评估体系，实现项目、内容、方式、标准以及绩效的服务优化“五统一”，推动形成一批可复制、可推广，标准化、领先型服务模式，引导专业服务机构“同台竞技”，在方案、思路、办法上“百花齐放”，初步形成“一街镇一品牌”“一机构一特色”，取得社会治理服务和团队培育孵化“双赢”效果。区民政局落实社会组织“1 + 5”扶持政策，积极培育发展心理服务类枢纽型、支持型和品牌型社会组织。二是健全实体化运作机制。完成区心理服务中心新址搬迁和功能升级，落实各街镇心理服务站办公场地，建立健全“日坐班、周例会、月督导、季讲评、半年评估、年总结”工作制度，以区社会心理服务促进会为桥梁纽带、行业枢纽、会员之家，持续推动三级专业平台为骨干、行业平台为补充的区域心理服务融合发展模式，促进各项措施落地生效。三是健全制度化保障机制。领导小组办公室切实抓好顶层设计、经费保障、统筹协调、组织谋划，推动成员单位运用政社结合、专群结合、条块结合等方式主动跨前，深入开展本部门、本领域、本行业心理服务体系建设。各街镇依托专业团队，建立健全联合排摸机制，对各类社区“心情心声”有回应、能干预、善服务、长陪伴。

四、市域层面探索多元解纷机制

随着崇明区世界级生态岛建设的持续深入推进，经济社会文化生态等方面飞速发展，群众的法律意识和维权意识不断提高，社会矛盾纠纷也发生很多新的变化和走向。为有效化解社会矛盾、构建和谐社会，深入贯彻落实习近平总书记关于“加强诉源治理，坚持把非诉讼纠纷解决机制挺在前面”重要讲话精神，崇明区司法局在调研向化镇、堡镇试点推进“三调联动，多元化解”体系建设中进一步完善矛盾纠纷多元化解机制，推进基层矛盾化解。

（一）搭建“三调联动”的立体网格

一是成立“三调联动，多元化解”工作领导小组，由镇党委书记任组长、相关班子成员任副组长，机关事业相关部门负责人、各村居书记任成员。设立“三调联动”领导小组办公室，打造协调联动、信息共享、队伍共建、风险预警、决策指引的智慧调解中枢。二是构建三级立体化联调工作网格，向化镇以成立联调中心、堡镇以综治中心为枢纽，搭建起“村居调解组织和行政调解部门—联调（综治）中心调—工作领导小组”上下一体的网络，实现调解工作一盘棋。

（二）强化“调治一体”的综合防范

一是“排化防”相结合工作模块。每月司法、信访、联调中心、村居法律顾问到村排摸矛盾纠纷情况，联调中心根据矛盾性质分类汇总梳理向党委、政府汇报当月矛盾纠纷情况，并落实领导重点督办和跟进的矛盾化解工作。二是大数据分析处理工作模块。定期汇总司法、信访、网格公安、调解等部门纠纷数据，进行汇总分析，形成专题报告供党委、政府作为决策参考。三是风险全局预警工作模块。针对矛盾纠纷排查调解情况，建立风险预警体系，提醒相关部门及时防范风险点。比如向化镇针对村民委员会公章使用管理、河道保洁队伍管理等方面，向有关部门及时提出风险预警，堵塞管理漏洞。

（三）探索“多元共建”的融合治理

一是注重法治化。在政府法律顾问、村居法律顾问等专业队伍建设基础上，向化镇与区法院、律师事务所合作成立驻镇及村居法官工作室、驻信访窗律师工作室，每周四由法官或律师坐诊工作室，堡镇发挥人民陪审员、人民调解员等作用成立“三室一庭”（三个品牌调解室和一个人民调解庭）。2021 年，向化镇还与华东政法大学签订《多元解纷机制研学基地共建协议》，引入政法高校力量加强基层依法治理。二是提升专业化。试点乡镇依托智慧公法服务设备，在线下培训的基础上，开设“调解云课堂”进行线上培训，建立线上线下镇村调解队伍培训机制。改革调解员选配模式，将原来村级自行选配改为镇级统一选配模式，确保调解员选配标准的统一。每年举办法治集训班，不断提高调解队伍工作能力和水平。三是打造“和文化”。向化镇推出“人文向化”微信公众号“调解心声”专栏，以音频笔记形式记录一线调解工作者的调解故事和调解感悟，先后共录制并发布《调解心声》16 期，引导社会树立公平公正、和睦友善、德法共治的调解文化。

2019 年“三调联动、多元化解”工作推进以来，堡镇共计调处矛盾纠纷 2386 件，化解的信访矛盾纠纷 37 件，向化镇化解矛盾纠纷 1132 件，化解信访案件 643 件，其中堡镇经司法调解撤诉案件 162 件，诉讼案件下降幅度达 25% 左右。从成效上来看，一是多元解纷更协同。“三调联动、多元化解”机制建设构建起党委领导、政府主导、综治协调的矛盾纠纷多元化解格局，整合人民调解组织、行政部门及第三方单位资源，让分散化、碎片化的调解体系得以重构，做到体系完备、协同高效。二是纠纷化解更迅速。整合现有资源，建立“一站式”调处中心，借助现有村居速调工作室，织密速调快处网格，既优化了纠纷调处的路径，也提升了调解工作的实效，真正实现了矛盾纠纷的化早化小。三是法治保障更全面。“三调联动、多元化解”机制引入法官律师以及法治带头人、法律明白人等专业力量，为多元解纷机制提供法律服务，实现多元解纷机制全过程的法治化。四是安全治理更高效。“三调联动，多元化解”机制实现多部门数据共享，为政府各部门预防风险、化解风险进行提早预警，有效提升政府部门的管理能力和管理水平，可以实现“未病先防，既病防变”，通过组织韧性建设，提高市域整体安全韧性水平。

五、社区层面探索多方联动的小区治安管理体系

为破解社区公共安全“难题”，闵行区积极探索平安小区协同治理“田园模式”，通过创新管理模式、整合社会资源，探索构建城市社区多方联动的公共安全管理体系，推动社区层面的组织韧性建设。

平安小区协同治理“田园模式”，是以小区治理权责法定为依据，以小区物业安保为抓手，由公安机关启动、物业企业响应实施，房管等职能部门和居民委员会、业主委员会等社会组织多方联动的小区治安管理体系（以下简称“田园模式”）。该模式最早是于 2013 年由区公安分局田园新村派出所实践首创，后经区综治委指导、培育、固化经验，逐步形成一套行之有效的基层协同治理机制。自 2015 年起，闵行区在全区推广平安协同治理“田园模式”，区综治办按照可复制、可推广、可量化的工作要求，逐步细化“田园模式”建设标准，制定了“四项十条”基础版和“四项十六条”深化版标准，在全区范围推广。“田园模式”基础版在全区覆盖率已达 94%，深化版

达标率为88%。

（一）“田园模式”坚持党建引领，建立协同治理组织架构

“田园模式”根本之意在于围绕小区治安治理，充分调动涉及小区管理的各方力量，理顺不同主体间的监管、配合关系，加强基层党建引领作用，督促和指导社区各方治理主体恪尽职守、依法履责。按照“田园模式”推进标准，在全区所有符合创建条件的小区，建立健全以居民区党组织为核心，居委会为主导，业委会、物业企业和社区民警为管理主体，房管专管员、司法调解员、社区顾问律师为专业指导主体的“四位一体”协同治理组织架构。目前，全区居民小区“四位一体”治理体系不断健全，公安、房管、司法行政三家职能部门将力量下沉，积极为小区平安建设提供专业支持。一是充实基层党组织力量。借助“班长工程”充实一批优秀年轻干部到基层担任居民区党组织书记，发挥居民区党组织书记在基层治理中的带头作用。二是加快业委会组建步伐。在符合业委会组建条件的小区，由居民区党组织把好业委会成员推荐关，加快组建业委会，推动业主自治组织发挥主人翁意识，积极参与社区治理。三是推动专业力量参与小区治理。积极落实社区民警担任党组织副书记或居委会主任助理，将社区警务工作要求融入社区治理，要求房屋专管员、社区调解员、社区顾问律师每季度参与“四位一体”例会，对设施改建、维修资金启用等重大事项提供专业意见和指导。

（二）“三防”升级改造，有效解决社区治安短板

为夯实居民小区治安防范基础，区综治办会同区公安分局根据住宅小区的普遍资金承受力，明确了小区治安防范设施的基本要素以及配置要求：视频探头做到监控全覆盖、无死角，配备专人24小时值守视频监控，防盗门数量与门洞数比值在1以上，并配备卫星定位巡逻系统实现24小时巡逻，小区保安持证上岗率达75%以上，推动住宅小区普遍实现治安防范基本要素到位、配置达标。在资金来源上要求商品房小区通过动员居民支持使用维修资金和公共收益的方式实现硬件建设，老旧小区依托“美丽家园”工程以

奖代补和居民自筹结合的方式实现。

（三）明确主体责任，规范运行小区日常治理

以小区平安建设为切入口，围绕小区治安治理基础工作，明确具体工作流程、频率和标准要求，要求工作痕迹以规定形式向居民公开。一是召开“四位一体”例会。明确由社区党委牵头，每月定期召集居委会、物业公司、业委会、社区民警等召开“四位一体”例会，通报小区警情和三防检查维护情况，明确阶段性工作计划，并将会议情况进行通报公示。二是强化关键信息公开。全区设有平安小区建设工作栏 1064 个，定期向全体小区居民公布小区警情、小区“四位一体”落实整改措施情况、平安建设评定结果和小区三防检查维护情况；全区设置居委“微信公众号”504 个，每月按照规定要求定期公开三项十二条小区基础管理信息，吸引居民关注和参与小区公共事务，倒逼小区管理主体切实落实各项规定措施。三是加强日常工作督查。区综治办组织市民巡访员按每月每个街镇 5 个小区的频次进行抽查暗访，对落实不到位的小区进行通报批评并予以考核扣分，借此实现小区日常治理机制的常态化规范有序。建立每月高发案通报和年度高发案小区督办机制，区综治办将单月入室盗窃案件发案 3 起以上的小区作为高发案小区进行督办，“一小区一方案”督促落实问题整改，及时补齐工作短板。

（四）治安形势好转，引导居民群众广泛参与

第一是全区治安形势大幅好转。“田园模式”推进以来，入民宅盗窃“110”接报数逐年下降。入民宅盗窃“零发案”小区数逐年上升。第二是成功治理案例不断涌现。上海康城、华唐苑、银都苑、爱博五村、金色西郊城等一批老大难治安薄弱小区已改头换面，逐步驶入良性管理轨道。如沪上最大的居民小区上海康城，总面积约 208 万平方米，常住人口逾 4 万人，通过推进“田园模式”，康城入室盗窃案件大幅下降。第三是引导居民平安志愿活动。随着治安状况的不断好转，基层社区党委、居委会等组织在居民中的号召力不断提高，为充分发挥群防群治力量，区综治办将每月 5 日定为平安志愿者集中活动日，由社区党组织牵头，通过微信公众号提前预告，由居委会、业委会每月邀请一定数量的业主，参与技防检查、保安门岗履职检查、社区防范宣传、志愿者夜间巡逻等活动，提高社区居民对平安建设的参与度。

（五）深化拓展延伸，推广农村协同治理机制

为深化“党建引领 + 协同治理”理念，区综治办牵头在全区 80 个行政村内推广“4 + X”平安议事会机制，建立以党组织为核心，村委会、村民小组长为主体，社区民警为骨干，村民群众共同参与的平安村宅协同治理机制。结合“美丽乡村”建设，因地制宜升级改造农村地区“三防”设施。区综治办以提高村民群众对平安建设的知晓率、参与率为目标，研究制定了平安村宅一次入户调研及六项规范的“1 + 6”深化版标准。2018 年，各街镇共完成入户调研 71619 户，开展平安志愿活动 3505 次，发布微信公众号信息 2772 条，整治涉“黄赌”场所 188 处、消防隐患 7935 个。通过上述措施，闵行农村地区治安形势大幅好转。2018 年，全区入农宅盗窃类“110”报警数同比下降 47.9%；高发案村宅 9 个，较去年同期下降 76.9%，高发案村宅总发案数 65 件，较去年同期下降 73.7%。挂牌高发案村（一年内出现 3 次单月入室盗窃案件发案 5 起以上的村）从 2016 年的 30 个下降至 2017 年的 1 个，2018 年未出现需挂牌督办的村宅。

以闵行区颛桥镇为例，田园地区社会治理基础薄弱，居民区治安混乱、入室偷盗、违章搭建等问题一度乱象丛生，居民意见很大。2013 年底，颛桥镇以群众反映最突出的治安问题为突破口，探索形成多方协同共治的平安小区协同治理模式，简称“田园模式”，在社区治理方面取得了良好的效果，受到广大群众的广泛好评。随着工作不断向纵深推进，“田园模式”对平安小区建设作用逐渐显现，老百姓的安全感大大提升。颛桥镇建立以基层党组织为领导核心，资源下沉镇社联动的社区协调治理体系，形成包含软硬件建设两方面 14 大指标体系，搭建把问题解决在基层的协同治理平台，将平安社区建设的成效与经验向社会治理各个领域全面延伸和拓展。

2015—2019 年，在镇党委的领导下，区政法委的指导下，为了维护社会治安秩序，保证商圈、工业园区健康有序地发展，实现经济与综合治理相统一，以此为契机，紧抓党建引领，由综治办牵头田园派出所、安监所、消防等部门陆续对颛桥镇 3 个商圈及 3 个工业园区采取协同治理工作模式。彻底扭转了盗窃、盗三车等案件的高发态势，取得了显著的工作成效。

首先，探索建立"1 + 3 + N + X"协同治理模式，发挥基层党组织的领导核心作用。为了更好统筹社区治理资源，颛桥镇在以公安部门为主的传统"田园模式"基础上，完善社区治理体系，发挥基层党组织总揽全局、协调各方的领导核心作用，探索建立"1 + 3 + N + X"协同治理模式，各方优势互补、形成良性互动。"1"是明确将居民区党组织作为社区治理的领导核心，通过区域党建、工作指导和推荐符合条件的居民区两委成员通过法定程序兼任业委会主任或委员等形式，实现社区党组织和党的工作全面覆盖。"3"是要求以居委会、业委会和物业公司等为主体依法履行职责，共同参与社区治理，鼓励其负责人在党组织兼职，更好地传递和贯彻党组织意图。"N"是挖掘党小组长、居民组长、楼组长等"三长"与志愿者等作为联系服务居民的触角；"X"是下沉公安、城管、房管、拆违、市场监管等部门作为支撑，参照社区民警兼职做法，逐步推进相关职能部门兼任社区两委班子成员，条块紧密配合，合力治理。

第二，完善"四位一体"协商机制。建立健全"四位一体"协商会议制度，充分发挥基层党组织在社区综合治理中的统筹协同、民主决策、监督考核作用。以居民区党组织为核心，居委会为主导，业委会和物业公司定期召开协商会议，共同协商处理社区事务，共同参与社区建设，共同开展社区服务，形成"大事共商、实事共做、协作共赢"的社区治理机制，发挥优势互补，形成良性互动。

第三，完善党建联建联席会议机制。依托区域化党建联建平台，建立镇、居两级协同治理联席会议，搭建政社联动，资源下沉的协同治理平台。建立社区协同治理联席会议制度。在居民区“四位一体”的会议基础上，下沉镇级治理资源，成员单位由居民区党组织、居委会、业委会、物业公司，以及公安派出所、安监所、城管中队等职能部门、社会组织等组成。此外，颛桥镇建立镇协同治理联席会议制度。由镇综治办主任召集，镇相关职能部门和各居民区党组织书记、业委会主任、物业企业负责人参加，在区域化党建联建平台下为社区治理提供资源统筹、专业培训和力量支撑。在此基础上，颛桥镇进一步拓展了“田园模式”。深化和拓展社会协同治理是全面实现“平安颛桥”的重要组成部分。随着平安小区建设及深入，对人员集聚的商圈平安建设进行拓展。

近两年来，颛桥镇进行了积极探索，为了维护社会治安秩序，保证商圈健康有序地发展，实现商圈经济与综合治理相统一，颛桥镇以党建为引领，由综治办牵头田园派出所、安监所、消防等部门对 3 个商圈采取协同治理工作模式，做实、做强“镇警商”三联合作，抓好“四结合”。

从“镇警商”合作机制开展以来的成效来看。“田园模式”拓展至商圈以来，商圈偷盗类案件报警下发数持续下降，2021 年上半年，3 个商圈偷盗类警情共 21 起，平均每 7 天 1 起。

从综治和经营工作有机结合方面来看，镇党委、政府高度重视，成立工作小组，由党委副书记任组长、综治办主任任副组长，派出所、安监所、消防、工商、商场等部门负责人为小组成员。同时，把社会治安综合治理工作纳入商场发展的总体规划和年度工作计划之中，与经营工作同部署、同检查、同考核，真正做到摆上位置、落实人员、保障经费。健全组织机构，实行“一把手”负责制，切实加强对综合治理工作的领导，在实际操作中形成主要领导亲自抓、分管领导具体抓、职能部门重点抓的工作体系。进一步健全和落实综合治理目标管理责任制、领导责任制等各项制度。以商圈物业为防范主体，增强商场各级领导参与综治工作的责任感。

从专业队伍与基层队伍相结合方面来看，其一是提前介入，镇综治办联合公安派出所通过干预和协调，建立起了“镇警商”三联合作机制。由商圈出资组建了“商圈机动巡防队”，巡防队员在商圈专管民警带领下开展接触警、反扒、巡防等工作，并接受派出所统一指挥。同时，由公安派出所专门组织人口办、消防、内保、治安场所管理等专管民警对商圈治安、消防等进行检查指导。其二是充实基层安全保卫队伍力量，对商圈保安、员工进行安全消防、治安防范等培训，提高基层队伍对紧急事件的应急处置能力，形成多方参与、共同治理的联动工作格局，为抓好综合治理工作打下坚实的基础。

从人防和技防相结合方面来看，其一是加强“硬件”投入。在商圈改建、扩建过程中，抓好消防设施改建，配置好功能齐全、性能良好的消防设施系统。同时设立专门的监控中心，配备先进的监控系统，做到商场内无死角，并在商场道路周边增设高清探头，与公安联网，建立火灾火爆和贵重商品失窃报警的快速反应机制；其二是加强综合治理的“软件”建设，重视增强全员的安全防范意识。通过黑板报、墙报、广播、图片录像等形式进行防盗防火等安全保卫知识的宣传。

从严格制度与考核奖惩相结合来看，其一是建立齐抓共管的机制。要按照“谁主管，谁负责”的原则，进一步健全和落实社会治安综合治理目标管理责任制，切实做到“管好自己的人，看好自己的门，办好自己的事”。签订综合治理责任书，并将责任制目标落实到各员工，使安全保卫工作人人有责任，处处有人管，事事有人抓，形成自上而下、责任到人的管理机制。其二是加大检查考核力度，坚持常规检查与不定期检查、内部检查与外部检查相结合的办法，及时发现问题进行整改，坚决把隐患消除在萌芽状态，突出对重点部位的重点管理，在商场通道、贵重商品区域等重要场所加大巡查力度。其三是将综合治理工作与年终的评比、奖惩和考核挂钩，把商场物业抓社会治安综合治理工作的实绩列为考核的重要内容，并把考核结果作为奖惩的重要依据。

随着颛桥镇“田园模式”升级版的不断深化完善，工作成果不断显现，不少过去的顽症难题在“1 + 3 + N + X”协同治理模式下得到有效破解。2015 年至今，“田园模式”拓展深化后，业委会组建率从 60% 提高到 100%。新成立业委会均由居民区党组织审核把关，党组织、居委会、业委会和物业公司“四驾马车”同心同向。对业委会和物业公司实现全面监管。平安志愿者巡逻队、居民区法律顾问覆盖率达到 100%，小区技防设施实现全达标，24 小时巡逻定位系统全覆盖，消防安全隐患整改率和新增“五违”防控率达到 100%。2017 年完成“四项 10 条”标准小区共 56 家，达标率 95%；全镇共发生偷盗类警情 2058 起，同比下降 30.7%。2018 年开始，所有小区已实现“四项 10 条”达标率 100%。全年共发生偷盗类警情 1143 起，同比下降 39.7%。2019 年共发生偷盗类警情 618 起，同比下降 45.9%。2020 年共发生偷盗类警情 543 起，同比下降 22.9%，2021 年上半年共发生偷盗类警情 197 起，同比下降 2.5%。

“田园模式”用政府的资源最大限度地撬动社区、社会资源，实现资源最大化、最优化。通过社区层面的组织韧性建设，多方联动筑牢基层治安防护网。目前，“田园模式”推广工作已经取得了初步成效，要进一步推进“田园模式”全覆盖，确保协同治理机制长效发挥作用，还存在着一些不容忽视的问题。

一是全覆盖工作进入攻坚阶段。闵行区由于历史原因，老旧动迁小区、存在历史遗留矛盾小区较多。一方面，部分老旧、散居小区成立业委会困难，社区“四位一体”组织架构难以构建；另一方面，即使成立业委会，部分老旧小区居民没有足够的公共维修资金对小区“三防”设施进行升级改造，或者居民观念陈旧不愿意出资改造，导致小区硬件建设难以达标，不符合“田园模式”建设标准。“田园模式”全覆盖推进工作已经进入扫尾攻坚阶段，越接近尾声难度越大，部分小区不符合业委会组建条件，全覆盖工作客观上存在一定困难。

二是软件管理机制有待强化。在协同治理机制的常态运行方面，面上还存在着一定共性问题。部分居村委书记在一定程度上存在重视技防、物防等硬件建设，而忽视软件管理的现象，在加强党建引领，充分发挥“四位一体”平台协同作用方面还有待加强。居村委在协同治理信息公开、日常管理机制的长效运行方面，各项工作还有待巩固强化。民警对社区管理事务的参与程度不足，由于警力不足导致的见警率不高等问题将在一段时间内存在，少数民警在每月召开警情通报会，定期对“三防”设施进行检查等常规工作开展方面出现松懈、不及时等现象。

三是自治力量培育亟待重视。随着“田园模式”的推进，全区业委会组建率在不断提升，业委会与基层党组织、居委会的互相支撑配合，对“四位一体”协同治理作用的发挥起关键作用，但职能部门对业委会的培育工作仍需加强。目前已成立业委会的小区，相当部分成员缺乏参与社区管理的专业知识，对自身权利义务认识不够，无法充分履职代表全体业主进行社区管理，自治能力有待提高。物业公司履职不够，闵行仍存在着大批规模小、服务差的物业企业，对物业企业的监管力度不够，物业服务不到位导致的物业矛盾纠纷多发，从而根本上影响了居民的获得感。

四是居民知晓率、参与度不高。推广“田园模式”过程中，以“平安”作为切入点，可以说给社区协同治理找到了一个很好的突破口，但在落实的过程中怎么让广大居民知晓、参与并有获得感，才是关键。从调研情况来看，居民对于平安小区建设的知晓度不高，更不要说是如何把平安建设和自身建立联系。田园模式推广过程中，对于社会组织、企业（物业外）等社区协同治理中的重要因素没有提及。如何调动社区居民、社区其他组织参与的内生动力，是“田园模式”深化推广中必须关注的问题。

从“田园模式”的进一步推广和深化来看，应当以提升居民群众的安全感、满意度为出发点和落脚点，进一步深化协同治理工作机制，打造共建、共治、共享的基层社会治理格局，努力为闵行建设生态宜居现代化新城区创造安全稳定的社会环境。

一是围绕均衡发展，抓整体推进全覆盖。街镇层面转变理念，领会“田园模式”的初衷和内涵，用政府的资源最大限度地撬动社区、社会资源，实现资源最大化、最优化。相关职能部门按照应建尽建的标准，保质保量加快推进业委会的组建。在组织架构中进一步明确居民区党组织的地位和作用，形成以居民区党组织为核心的协同治理组织框架。基层社区党委应认真领会协同治理的内涵和意义，借助“田园模式”推广帮助社区组织、社区居民切实树立自治意识。全力推动平安小区、平安村宅协同治理机制全覆盖工作，加强面上督导和重点攻坚，针对当前制约达标的关键因素，进行梳理分类，逐个街镇、逐个小区、逐项标准抓落实。对制约达标率的关键问题，如协同治理平台搭建、技防设施建设、保安持证上岗率等硬指标，分类研究制定解决方案。

二是围绕长效治理，推动日常规范运行。为巩固小区社会治安的良好局面，继续推动各街镇认真落实物业服务企业“三防”设施管理使用责任和“四位一体”监督责任。督促社区民警带领平安志愿者做实每月“三防”设施检查工作，及时发现治安防范漏洞，确保已建“三防”设施的使用率、完好率。各街镇应督促各居委严格落实“四位一体”例会机制，确保物业公司充分履职，加强保安能力培训，督促保安认真开展社区巡逻、安保保洁、车辆管理等工作，加快推进物业公司的专业化、规模化建设，淘汰不良物业企业。强化工作督查，充分发挥市民巡访团等第三方监督力量，组织对各居村委落实“田园模式”工作情况进行抽查，通过加强监督确保协同治理各项机制落到实处。

三是围绕数据运用，推进智能安防建设。依托区、街镇、居村三级综治中心建设，以及雪亮工程进一步筑牢基层治安立体防护网。将区综治中心建设成职能部门和属地街镇之间资源整合、互联互通、上传下达的枢纽型工作平台。推动街镇、居村两级综治中心与街镇网格化分中心、社区警务室的深度融合。形成区、街镇、居村三级联动，迅速反应处置的综治工作平台。加快综治工作的信息化建设，结合“智慧公安”，加强公共安全视频监控建设和联网应用，依托区公安分局重点推进“一标六实”警务地理信息系统、智能安防项目建设，加快居住小区安防设施的升级改造，按照“低水平、广覆盖、齐步走”的原则，逐步完成全区小区、楼宇、单位“微卡口”建设。开发区综治基础信息平台，注重对各类安防信息的大数据运用，实现对全区综治工作动态的实时掌握，探索试点精细化管理。

四是围绕百姓关切，补齐短板降低发案。为进一步提升居民群众获得感，组织相关职能部门、各街镇对社区治理顽症开展集中整治。结合区委大调研工作，持续开展广泛、深入的调研，梳理明确社区管理中的突出问题，例如不文明饲养宠物、车辆被盗、群租、保安履职不到位、消防隐患突出、停车难等突出问题，协同相关职能部门，督促各街镇、居村委落实整改措施，开展集中整治，并及时将整改情况向居民群众反馈。持续开展对高发案小区、村宅的督办，做实专项整治工作，对出现过高发案的小区、村宅，督促各街镇落实“一点一方案”，对社区管理中的短板问题、薄弱环节进行排查，从根本上筑牢治安防护网。进一步减少全区高发案小区数，增创零发案小区，确保面上治安秩序的持续好转，力争年底市级平安示范社区建设有所增加。

五是围绕群防群治，全面宣传营造氛围。围绕提升公众安全感满意度，深入开展面上集中宣传。做好平安建设宣传工作，以全方位展现平安闵行建设工作的新举措、新进展、新成效为目标，围绕社会关注、群众关心的热点问题，重点宣传近年来平安闵行建设取得的成果，把工作成效更加直观地展现给群众。注重提高居民对物业管理的基本常识，开展专题讲座、宣传，提高相关法律法规的知晓率，通过社区邻里中心、老年活动中心等社区阵地，推动居民积极参与社区管理事务，促进权利义务意识觉醒，切实增强群众自治能力。更加注重群众的组织发动工作，扎实推进群众工作，发挥基层党组织战斗堡垒作用，发挥社区骨干引领作用，组织社区居民亲身参与平安志愿活动，开展邻里互助、纠纷化解、隐患排查、平安宣传，提高居民对安全的感受度，感受到身边的平安，切实提升群众的安全感、满意度。

六、社区层面整合资源，延伸平安工作服务网络

闵行区浦锦街道探索在社区层面整合资源，延伸平安（信访）工作服务网络，打造平安（信访）工作“家门口”服务体系，2020 年 8 月成立了“帮帮忙工作室”。

浦锦街道“帮帮忙工作室”依托现有的资源，通过将平安（信访）、司法资源整合、深度融合、无缝衔接，以“帮帮忙工作室”为载体，以快速处置为原则，为居民提供政策宣传、矛盾调处、法律援助、帮困解难、心理疏导等多元化精准服务。形成“1 + 1 + 1 + N”，即“平安（信访）+ 司法 + 帮帮忙工作室总站 + 居（村）全覆盖”的工作网络，结合服务矩阵和服务清单，通过端口向下，资源整合下移，上下联通联动，从而实现群众问题“一站式接待、一条龙办理、一揽子解决”。

浦锦街道“帮帮忙工作室”作为闵行区首批创新打造“家门口”平安（信访）服务体系项目之一。群众的诉求、心声，可以在这里第一时间反映，即是“家门口”的平安服务站；群众的法律问题，可以在这里第一时间解答，即是“家门口”的法律咨询台；群众的矛盾纠纷，可以在这里第一时间化解，即是“家门口”的纠纷调解室。以综治协管员、信访代理员、人民调解员“日常坐班”、律师“定期坐诊”、疑难问题“定期上会”的工作模式，将浦锦街道大平安服务的网络直达配送到群众“家门口”。浦锦街道“家门口”平安（信访）服务网络初步构建完成，工作中化解了一大批群众的矛盾纠纷。2021 年度，“帮帮忙工作室”共接待群众 62 人次，解决各类矛盾 35 起，形成调解协议书 13 件。主要成效如下：

一是居（村）层面加强处置信访矛盾的属地责任。“家门口”平安（信访）服务体系从源头抓起，将平安（信访）服务下沉、前移、跨前，整合资源，发挥综治协管员、信访代理员、人民调解员的作用，提升治理水平，加强居（村）处置信访矛盾的属地责任，深入“田间地头”，与群众打成一片，真正做到群众的贴心人，促使矛盾化解在萌芽。预防和化解社会矛盾，重点在基层，关键靠群众，要紧紧依靠基层组织和广大群众预防化解社会矛盾。群众对自身利益最关切，对矛盾纠纷产生的原因、存在的症结最清楚，要把基层作为一切工作的重点，充分发挥基层服务型党组织的作用，使基层党组织成为服务群众、凝聚人心、化解矛盾、促进和谐的坚强战斗堡垒。

二是街道层面凝聚预防化解社会矛盾的整合力。深化“家门口”平安（信访）服务体系，能更好地形成统一领导、综合协调、各负其责、齐抓共管的工作格局，凝聚成预防化解社会矛盾的强大整合力，提升社区居民的幸福指数。把倾听民意、化解民忧、赢得群众理解支持的过程，作为源头治理的工作根基，完善矛盾纠纷排查、预警、化解、处置机制，及时掌握预防化解社会矛盾主动权。浦锦街道“帮帮忙工作室”首先要建议多元化调解机制，以实现公正、高效、依法调解。同时，通过不断完善“家门口”平安（信访）服务体系，结合“平安（信访）+ 司法 + N（部门）”矛盾协调大平台，发挥各部门协同合作的“战斗力”。形成“苗头隐患联防、矛盾纠纷联调、疑难问题联治、维稳工作联动”的安全治理新格局。

未来需要从治理理念转变，服务体系组织架构优化等方面进一步推动“帮帮忙工作室”升级优化。

一是从社会治理层面出发，充分发挥群众自治组织的作用，把街道城乡社区建设成为政府社会管理的平台、居（村）民日常生活的依托、社会和谐稳定的基础，进一步创新社会治理方式，提升预防化解社会矛盾的水平。只有让广大群众从党和政府的方针政策中获得实惠，才能赢得广大群众发自内心的认同和拥护。要牢固树立把改革发展成果更多惠及百姓的理念，多干群众急需的事，多干群众受益的事，多干打基础的事，多干长远起作用的事，努力使广大群众从深化改革、推动发展中得到实实在在的好处。因此，践行共治的思维可以更好地集民智，充分发挥群众参与社会治理的积极性，体现人民的主体地位。同时，顺应时代发展，将科学、有效地利用大数据、云计算、人工智能等新技术，利用互联网技术，真正惠及民生，让“信息多跑路，群众少跑腿”，实现“最多跑一次”的便民服务理念。将自治、法治、德治“三治融合”，可以更好地解决好基层社会治理问题，真正做到“小事不出村，大事不出街道，矛盾不上交，就地能化解”。浦锦街道“家门口”平安（信访）服务体系的不断深化、健全，不仅是打造具有浦锦地方特色品牌的工作机制，也希望成为一个可复制可推广的工作服务体系。

二是有待进一步探讨和评估。对浦锦街道“家门口”平安（信访）服务体系进行全面分析，需要进一步完善浦锦街道的“家门口”平安（信访）服务体系。通过理论结合实践来充分证明，“枫桥经验”在浦锦街道的生动体现，在创新社会治理过程中发挥新的积极作用。如何解决好源头治理“最后一公里”问题，是成立“帮帮忙工作室”的初衷，就是要紧紧扭住群众工作这条主线，与依法治理有机结合起来，支持群众依法实现自我管理、自我服务。其一，全面梳理平安（信访）服务体系组织架构中存在的缺位，思考在互联网信息时代、大数据背景下，满足群众对于“家门口”平安（信访）服务体系的真实需求，和平安（信访）服务体系构成中存在的问题，如何更有力开展“家门口”服务工作，如何更好地服务群众、贴近群众。多层次分析浦锦街道作为“家门口”平安（信访）服务体系运作载体“帮帮忙工作室”的服务主体、工作流程、制度保障等多方面现状，系统剖析“帮帮忙工作室”在推进中所面临的组织构建、团队建设、工作机制等需要完善和不足的地方。其二，以“帮帮忙工作室”升级优化为目标，探讨如何进一步提升“家门口”信访服务体系，提出在制度机制建设、团队建设、考核激励机制、评估机制等多方面机制建立健全，探索自治、法治、德治“三治融合”，实现“家门口”服务“一站点、一条龙，一揽子”化解矛盾，真正做到“小事不出村，大事不出镇，矛盾不上交，就地能化解”。

总的来看，首先是以发展新时代“枫桥经验”城市版为目标，集民意、汇民智、聚民力，构建浦锦街道“家门口”平安建设服务体系；其次，解决好源头治理问题，完善“家门口”平安（信访）服务体系的现实意义和必要性，使人民群众在“家门口”反映问题更便捷，解决矛盾更及时、更有效；最后，通过实践证明进一步夯实“家门口”平安（信访）服务体系，就是在新的历史阶段，把“枫桥经验”坚持好、发展好，把人民群众合法权益维护好，进一步凝聚起维护社会和谐稳定、促进经济社会又好又快发展，坚持和发展中国特色社会主义的强大力量。

七、社区层面完善人民调解组织体系，提升纠纷化解能力

针对区域社会矛盾纠纷多发，形式多样，闵行区江川路街道成立人民调解委员会，探索新形势下矛盾纠纷多元预防调处化解综合机制。江川社区是一个老城区，国有大中型企业多、下岗失业人员多、老式公房多、老城区生活较为贫困居民多、住房公用部位小。这“四多一小”导致居民、邻里之间，争执多、纠纷多、矛盾多。矛盾纠纷内容涉及面广、种类繁多，一件纠纷，小则涉及一个或几个家庭，大则牵动整个居民区；若得不到及时有效化解，必然导致矛盾激化，酿成事端，影响社区安定。调委会从摸清社区居民需求入手，做好基础性工作，开展全方位座谈、问卷摸底调查，掌握江川社区居民的矛盾纠纷现状。

一是特殊问题引发纠纷多。江川社区在地铁五号线延伸建设、旧城改造的建设阶段，因涉及居民居住环境和切身利益而引发的纠纷骤增。尽管街道党工委结合居民诉求做了大量的政策宣传和法律解释工作，但工程涉及的问题比较复杂，特别是环保、噪声带来的困惑，适用的法律法规繁多，因此，

很多社区居民迫切需要专业法律人员给予指导和帮助。

二是日常生活问题引发纠纷多。社区居民日常生活中婚姻、继承、赡养、抚养、道路交通安全、劳动合同、邻里关系、物业管理等方面因缺乏一些基本法律知识，容易引起一些错误认识而引发纠纷，导致实践中诉讼能力特别是举证的能力较弱，无法在诉讼中维护自身权益。

三是法律意识不强引发纠纷多。居民的维权意识比较强烈，但因为法律知识相对缺乏，普遍存在重视自己权利的保护而忽视自己义务的履行。相对权利而言，居民对义务的重视程度明显要低得多。只有少部分人认为法律也规定公民的义务。基于这样的认识，维护自己权利的同时极容易损害他人的合法权益，比如一些物业纠纷问题，大部分居民都认为物业没有提供满意的服务就不应缴纳物业管理费，这也是目前一些小区频发物业纠纷的一个重要原因。当自己权益受到侵害时会想方设法去积极争取和维护这些权益，但却往往忽视了自己应该遵守的法律，不按法律规定程序和限度来维护权益。

针对上述问题，江川路街道人民调解委员会（以下简称调委会）围绕中心，服务大局，不断探索新形势下矛盾纠纷多元预防调处化解综合机制，完善新形势下正确处理人民内部矛盾有效机制，发挥人民调解工作维护社会和谐稳定“第一道防线”的功能，积极探索和落实人民调解参与社会稳定风险精细化管控工作，构建江川地区“大调解”工作格局，将“枫桥经验”引入社区、街面、工厂、产业园区等领域，充分发挥人民调解的基础性作用，抓早、抓小、抓苗头，紧紧依靠基层人民调解组织，加强排查和预防，将矛盾纠纷吸附在基层，化解在萌芽状态，为保一方稳定和谐添砖加瓦。具体成效如下：

一是巩固完善人民调解组织体系，不断提升纠纷化解能力。调委会在街道层面设立以街道预调中心接待窗口为基础，配套设立房地物业、治安、交通事故、涉访、消费投诉、劳资纠纷等行专调解组织，设立物业公司联合调解工作室、分片区设立5个“邻里中心”，形成“一口五室”的人民调解组织基本框架。在各居委建设人民调解工作室，由居委调解主任负责社区内矛盾纠纷的日常调解工作。设立“闵开援”“零号湾”综合服务窗口，打通为地区经济发展服务通道。为助力企业发展，切实解决企业员工劳动维权难、法律咨询难等诸多困难，组建司法干部、律师团队、公证人员、人民调解员等进驻园区并借助“法在闵行”慈善公益基金项目平台，全力支持地区内的企业抗击新冠肺炎疫情带来的冲击，共渡难关，为服务企业平衡健康发展，提供优质高效的法律服务，帮助企业在市场经济环境中健康、持续发展，为闵开发产业园转型提档升级，为“零号湾”科创产业集群的建立、完善提供全方位的服务。在江川路街道设立行政争议调解中心，形成由调委会成员或特邀调解员对行政争议进行协调化解的矛盾纠纷多元化解专门平台，以推进行政争议在基层得到实质性化解，减少行政案件诉源。结合基层走访调研中呈现的问题和需求，通过政府购买服务方式，引入业务能力强、专业操守过硬的律师团队，聘用律师作为律师调解员进驻窗口、各专调组织，各调解工作室，充实专业性行业性领域调解力量。江川地区已实现一社区一法律顾问全覆盖，确保群众不出社区即可享受到基本公共法律服务，困难群体能够及时得到法律援助，群众对法律服务的满意度不断提高。在江川地区形成从点到面，全方位的人民调解组织体系。江川街道人民调解委员会，每年制定并实施本地区矛盾纠纷排查、调处工作计划和工作要求。加强对各调解组织、街道预调中心及其工作人员的监督、管理、指导和考核。健全人民调解工作支持保障体系，完善对调解员的培训机制，保障队伍稳定，刺激队伍活力，提升人民调解员整体素质，提高矛盾纠纷化解水平。2021年1—5月，公共法律服务工作站法律咨询69件，69人次；法院咨询接待77件，82人次；公证接待咨询149件，160人次；法律援助咨询12件，成功受理2件；法律服务所咨询45件，45人次。江川路街道各调委会共受理各类社会矛盾528件，涉及金额208.74万元，制作人民调解协议书174份。其中，预调中心成功调处各类社会矛盾4件，制作人民调解协议书4份，涉及金额35.22万元；法院委托诉前调解纠纷8件；房地物业纠纷调委会调处纠纷56件，制作人民调解协议书19件，涉及金额17.75万元。消费纠纷联合人民调解工作室成功调处纠纷115件，制作人民调解协议书12份，涉及金额15.01万元；公安司法联合调解室成功调处委托轻伤害和治安案件61件，制作人民调解协议书61份，涉及金额66.66万元；交通案件35件，制作人民调解协议书35份，涉及金额12.59万元。2021年是村居换届选举年，村居法律顾问参与辖区48个居委、2个村委的换届选举工作，村居法律问题均成为各村居调委会成员。1—5月村居法律顾问共提供法律咨询747件，举办法治讲座33次，参与村居管理重大决策5件，参与村居管理会议51次，参与人民调解22件，提供公证咨询128件。

二是加强制度建设，不断完善矛盾纠纷多元化解工作机制。出台全区第一个街镇层面矛盾纠纷多元化解机制规范性文件。完善与网格化“大联动”平台对接机制，畅通衔接渠道，将可通过人民调解途径化解的矛盾纠纷引入预调中心平台，整合公安、人保、房管、信访、市场监管等职能，合力提升重点领域联动调解实效。继续完善社区矛盾纠纷排查化解工作机制。健全诉调结接工作机制，实现网上案件推送，引入律师、专家协助调解，共收到法院移送案件8起，调处解决8起，调处率100%，由于律师、专家介入调解，案件调处成功率极高，有效缓解了法院“案多人少”的矛盾。依托公安派出所与司法所“两所联动”机制，制定完善《关于进一步深化江川地区司法所、公安派出所联动化解社区矛盾工作意见》，有序开展矛盾纠纷排查化解攻坚活动，加大矛盾纠纷排查化解力度，避免矛盾纠纷升级激化，维护社会正常秩序。2020年新冠肺炎疫情期间制定《江川路街道关于加强新冠肺炎疫情防控工作法治保障的实施意见》，充分发挥人民调解组织在抗击疫情中的积极作用。疫情后期协助街道拟定《关于建立江川路街道复工复产复市大调解工作机制》，落实街道班子领导分片走访调研企业制度和街道主要领导到闵行开发区现场办公调研制度，深入企业服务一线，听需求、找问题、送政策、解难题，走访企业 304 家，帮助解决资金紧缺、产业链不畅、物资储备不足等问题 39 个。

三是充分发挥“智慧调解”作用，进一步提升矛盾纠纷化解效率。利用“互联网 + ”纠纷处理机制，打破信息壁垒，前移受理窗口。聚焦“智慧调解”和“110 非警务警情”两项工作，扎实做好日常管理。落实节假日值班制度，确保“110 非警务警情”按规定及时办结反馈。辖区调解组织调解案件制作调解文书规范，及时录入“智慧调解”系统平台，做到“周清月结”。通过“智慧调解”平台接收的法院委派调解案件、法院委托调解案件，当事人在线申请调解案件。2021 年 1—5 月“110 非警务警情”接单 656 件，成功反馈 656 件，反馈率 100%。

四是提高预测预警预防各类风险能力，提升社区和谐稳定和居民安全感。夯实基层第一道防线极为重要，调委会坚持扎根基层、深入群众的路线，充分发挥基层人民调解组织深入社区的优势，以基层矛盾纠纷排查、预警工作职能为核心，及时有效化解矛盾纠纷为重点，开展以居民区矛盾纠纷日常排查为基础，结合重要节点重点查、顽疾沉疴回头查等各项工作措施。调委会每季度召开纠纷调解案情分析研判专题会议，加强对重点中心工作法律风险的事前研判。同时，通过微信公众号、宣传栏目等平台加大宣传，以此进一步完善矛盾纠纷预警机制，畅通反映渠道，对矛盾纠纷、社会风险做到早排查、早发现，落实预警、反馈、疏导措施，确保突发事件、重大事件工作有序、反应迅速、处置有力，维护社区秩序和谐稳定，为居民安居乐业作出了积极贡献。

总的来看，市级层面的组织体系建设，为促进市域和社区层面的协作联动、整合资源形成工作合力，提供了指导和支撑；市域层面统筹协调机制建设、资源调配、人员动员机制创新，强化了区域安全风险防控机制建设；社区层面多方联动的小区治安管理体系，平安工作服务网络，人民调解组织体系建设，进一步推动构建以点连线扩面的城市安全风险防控体系。

以上实践探索，从不同层级多个维度全方位夯实了安全韧性城市建设中的组织韧性建设。

第四节　社会韧性建设成效

2020 年 12 月 11 日，习近平总书记在主持中共中央政治局第二十六次集体学习时就贯彻总体国家安全观提出 10 点要求，其中第三点强调："三是坚持以人民安全为宗旨，国家安全一切为了人民、一切依靠人民，充分发挥广大人民群众积极性、主动性、创造性，切实维护广大人民群众安全权益，始终把人民作为国家安全的基础性力量，汇聚起维护国家安全的强大力量。"[1] 集民意、汇民智、聚民力，提高社会韧性，是安全韧性城市建设的重要维度。充分有效动员群众、社会组织等社会基础性力量参与社会风险治理，是建设社会韧性的主要着力点。

一、整合社会组织专业力量参与基层矛盾化解

为深入贯彻党的十九届四中、五中全会精神和习近平总书记"把非诉讼纠纷解决机制挺在前面，从源头上减少诉讼增量"的重要指示，完善人民调解、行政调解、司法调解联动工作体系，切实强化各类调解与诉讼的衔接配合，徐汇区非诉讼争议解决工作主动融入区域基层社会治理格局，加大源头预防、化解矛盾力度，把矛盾解决在萌芽状态、化解在基层。徐汇区非诉讼争议解决中心（以下简称"区非诉中心"）依托进驻区非诉中心的各类调解

[1]《坚持系统思维构建大安全格局　为建设社会主义现代化国家提供坚强保障》,《人民日报》2020 年 12 月 13 日。

组织，通过“法院—司法局”一站式多元解纷平台线上对接，实现在线申请调解、在线诉前委派调解、在线诉中委托调解、在线申请司法确认等诉与非诉间的线上一站式受理、一站式分流、一站式解纷，推动诉调对接工作优化再升级。

区非诉中心的工作原则是坚持党委领导、政府主导，主动融入党委政府领导的诉源治理机制建设，引导社会各方面力量积极参与矛盾纠纷化解。坚持以人为本，高效便民，把群众满意作为出发点和落脚点，为群众提供多元、便捷的矛盾纠纷解决方式。坚持多调联动、形成合力，引导鼓励通过先行调解等方式解决问题，完善人民调解、行政调解、律师调解、行业调解、专业调解、司法调解衔接联动机制。坚持公平、公正原则，将“法院—司法局”一站式多元解纷平台作为联系服务群众的桥梁和纽带，作为政治效果、社会效果、法律效果相统一的价值追求，不断满足人民群众日益增长的多元法治需求。

区非诉中心的诉调对接工作范围主要包含诉前委派调解、诉中委托调解和在线申请司法确认。一是诉前委派调解。对于经区人民法院审查符合立案条件，且可以调解的案件，于立案前引导当事人优先选择先行调解，在征求当事人意见后，区人民法院线上委派至区非诉中心进行诉前调解，或在区人民法院诉讼服务中心设置的先行调解专窗进行诉前调解。二是诉中委托调解。对于经区人民法院立案后可以调解的案件，由区人民法院引导或当事人主动申请，线上委托至区非诉中心进行诉中调解。三是在线申请司法确认。由各调解组织自主受理的人民调解案件，在调解成功并出具人民调解协议书后，符合申请司法确认条件的，可经区非诉中心在线向区人民法院提交司法确认申请。

诉调对接由法院委托或委派案件对接流程。具体流程为：区人民法院在线推送工单后，由区非诉中心专人进行在线派单，负责线上案件受理审核；经审核相关案件材料齐全，符合受理条件的案件，在 24 小时内指定案件受

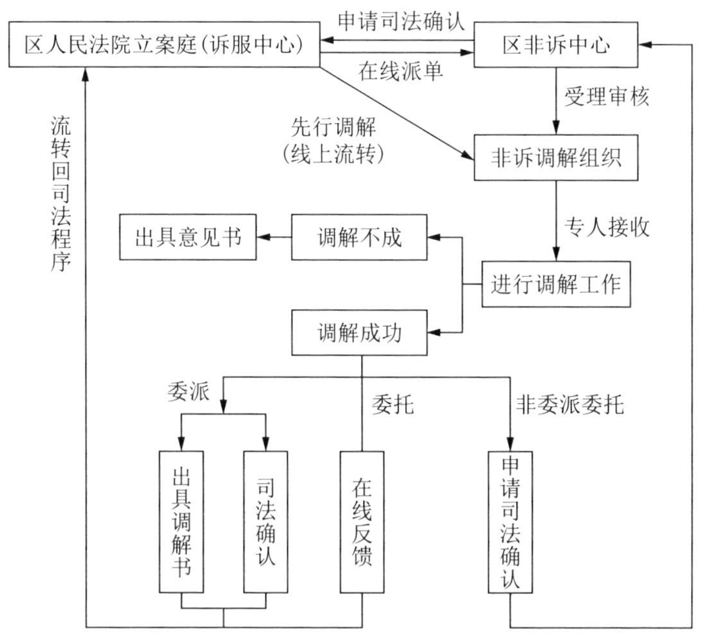

图 2　区非诉中心诉调在线对接流程图

理调解组织；在指定的调解组织接收派单后，在三日内由调委会主任指定一名或数名在册调解员进行案件受理，组织开展调解工作，并在调解结案三日内向区人民法院进行反馈。鼓励在线调解方式，即鼓励当事人通过在线调解平台进行线上调解，法官或调解员可以借助 PC 客户端连线，组织当事人通过 PC 客户端或移动 App 完成在线纠纷调解。对于调解不成的案件，出具调解不成意见书，并在线反馈流转至区人民法院平台，进入后续司法程序；成功调解的诉前委派案件，可以由区非诉中心直接在线申请调解完成，经区人民法院审核通过出具调解书，或由调解组织出具人民调解协议书，并依情况在线申请司法确认。成功调解的诉中委托案件，区非诉中心通过线上平台将调解结果反馈至区人民法院，进入后续司法程序。

对于各调解组织直接受理的调解案件，调解成功后需要申请司法确认的，可由当事人向调解员提出申请，通过线上平台将申请和案件材料提交至区人民法院。调解期限：诉前委派调解的案件，调解期限为 30 日，自受理调解组织或调解员签收区人民法院移交材料之日起算，但双方当事人同意延长期限的，可以延长30日；诉中委托调解的案件调解期限为30日，经当事人申请，并征得区人民法院同意的，可以延长30日。调解期间和延长期间不计入审理期限。

诉调对接的工作机制有联席会议制度、专题研商制度、调解名册制度。联席会议制度是由区人民法院、区司法局双方分管领导分别牵头，区人民法院立案庭（诉讼服务中心）和区司法局人民参与和促进法治科等相关职能部门负责人参加，每季度召开一次例会，研究推进诉调对接工作。专题研商制度可采用定期召开专题会议的形式进行。定期通报工作情况、研究诉调对接工作评价机制、督促检查举措落实、提炼总结工作经验和做法、研究解决诉调对接工作中遇到的重大事项和问题。调解名册制度是由区司法局建立区非诉中心项下非诉调解组织、调解人员名册，并抄送区人民法院。严格把关、细致筛选调解类社会组织进驻区非诉中心；吸纳、选拔优秀的社会力量参与到非诉讼争议解决当中，确保诉调对接调解工作实效。

“诉调对接”在探索专业社会力量参与基层矛盾化解，建设社会韧性方面取得了一定成效。一是由区司法局通过区非诉中心统筹区域内各类专业调解组织参与非诉讼争议调解，把矛盾解决在基层。区人民法院诉讼服务中心通过“甘棠树下”社区法官工作室等机制，对各类调解组织和基层司法所进行业务指导和联动配合。多方共同推进诉调对接联动机制不断优化完善。二是依托各类专业力量，完善调解员培训体系，提高专业水平。“诉调对接”依托区级人民调解员培训基地和“甘棠树下”社区法官工作室师资力量，通过分级培训、专题培训、线上培训、选派培训、交流培训等构建人民调解员职业培训体系，加强调解队伍建设，提升调解员专业能力水平。

二、整合物业组织管理资源参与基层公共安全治理

近年来，由于闵行区的高速城市化发展，人口大量流入，使得多元化主

体在社区这一交汇点的诉求、矛盾集中爆发。建立党建引领下的社区居民委员会、业主委员会、物业服务企业协调运行机制，是整合社会力量回应群众期盼、解决基层矛盾，建设安全韧性社区的有益探索。

（一）闵行区红色物业建设及成效

闵行区在2017年制定《关于闵行区加强城市基层党建的行动纲要》，明确推进党建引领业委会建设。在此基础上，2018年又出台《关于加强“党建领航　红色物业”建设的实施意见（试行）》。2019年，闵行区进一步制定党建引领住宅小区物业治理“1 + 3”行动方案，将“红色物业”创建全面铺开。

一是强化党建引领，健全上下贯通的组织体系。区级层面，建立由区委组织部牵头，区委宣传部、区公安分局、区民政局、区房管局等13个部门单位组成的“红色物业”联席会议机制，定期研究、评估“红色物业”推进情况。组建区物业服务企业党建联盟，涵盖138家辖区物业服务企业，以“1 + 5”形式项目化推进党建工作与物业治理。街镇、社区层面，把党建引领主线贯穿始终，全面组建各街镇物业服务企业联合党委（党总支），加强物业服务企业党组织和党员统一归口管理。

二是固强领导核心，推进“一核三元”的协同运转机制建设。闵行区委把党建引领这条主线贯穿于“红色物业”始终，健全“1 + 3 + N”工作格局，落实党组织领导居委会、业委会、物业服务企业等“三驾马车”的制度性安排。持续推进“班长工程”，累计选派130余名机关、事业单位干部到居民区党组织任书记，以班长强带动组织强。大力推进业委会中党的组织和工作覆盖，赋予居民区党组织对业委会成员的“人选建议权”“结构建议权”和“资格审查权”，571个业委会与居民区“两委”实现交叉任职。符合成立党组织条件的业委会499个，组建党支部97个，组建党的工作小组381个，组建率为95.79%。全区273家物业服务企业共有党员1081名，169个企业已组建党组织，覆盖率为61.9%。

三是加强支撑保障，完善纵横左右的居民区治理格局。深入推进“大党委制”，整合各职能部门职责，全面落实“一居五员”，每个居民区配备社区警务员、城管执法员、房屋专管员、法律顾问员和网格巡查员，共配备1600余人。建立物业服务“红黑榜”，拓宽线上线下公开渠道，近几年，通过“红黑榜”制度，全区共淘汰54家物业服务企业，引入22家优质物业服务企业。进一步加强工作指导，街镇全面成立业委会主任联谊会和业委会顾问团，引进专业化社会组织18个。

四是探索科技赋能，提高联通各方的运行能力。强化科技赋能和信息技术支撑，开发“闵行区物业行政监管评价系统”，建立“五维评价”体系，由居民、业委会、居委会、街镇、区职能部门“背靠背”对住宅小区物业服务现状进行打分，提升智能化监管能力。发布物业服务企业综合评价排名，共评选出78家A级物业服务企业，105个小区物业费实现成功调价。开通“闵行物业服务直通车”平台，对住宅小区物业服务现状问题进行实时采集、上报处置及评价反馈。截至2021年，注册用户超过5.4万人，处置率99.7%。

“红色物业”创建工作取得了一定的工作成效。一是进一步提升了组织优势转化为攻坚克难、助推基层安全发展的成效。闵行区以“红色物业”为切入口，实现基层党的建设与基层治理同研究、同部署、同推进，激发了基层党组织活力，为党建引领向更多难点领域聚焦发挥了示范引领作用，形成了“点亮一盏灯、照亮一大片”的效应。二是进一步增强了群众的安全感、幸福感和获得感。通过“红色物业”创建，闵行区积极探索物业服务企业有效融入社会治理，切实解决小区停车难、治安防范差、消防隐患大等一批老百姓的急难愁问题。截至2020年底，排查出的39个矛盾小区问题已基本化解，12345市民热线涉及“物业管理类”案件8073件，同比（9002件）下降10.3%，平台重复投诉率下降6.5%。三是进一步完善了条块协同、上下联动、共建共享的工作格局。

（二）古美路街道“城市家园党建”建设

通过推进“红色物业”，在区级层面完善了条块协同、上下联动的体制机制，既打破了社区各类组织各自为政的利益藩篱，也突破了职能部门间各自为政的业务壁垒，积极推动社区党建与区域党建互动，增强城市党建工作的整体效应，从而形成基层社会治理的合力，增强了基层社会韧性。按照闵行区委“党建领航·红色物业”工作总体要求，古美路街道自2018年起推进“城市家园党建”，围绕物业党建精准发力，全力打造党建引领社区治理和服务民生的“红色引擎”，创新构建起“党建引领、社区抓总、联动共治”的市域社会治理新模式，基层社会治理迸发出崭新的生机和活力。切实解决物业治理难题，提升群众获得感、幸福感和安全感。

1. 具体做法

闵行区古美路街道辖区共有72个居住小区，41个居委会，58000套住房，居民人口近16万。区域内没有大厂大企大校，是城市化程度较高的纯居住社区。72个住宅小区中符合建立业委会条件的69家，辖区内物业服务企业35家，物业从业人员中党员53名，隶属古美的独立党组织3家。近几年各类投诉数据显示，与物业业委会相关投诉占到全部投诉量的近5成，这些主要矛盾，体现出对于物业企业的经营管理、行业自律、政府监管还存在缺陷，是民生“痛点”、治理“难点”和政策“堵点”。为此，古美路街道从物业党建上精准发力，统领各方，精心分析症结，精准寻求对策，着眼做实做细社区治理工作。

充分发挥党建引领，筑牢红色根基。其一，加强组织建设，形成红色骨干队伍。成立3个物业企业独立党组织、6个片区物业企业联合党支部，并在每个小区的物业项目内设置党建联络员，由居民区党组织书记兼任，同时，推动物业企业负责人和党员骨干兼任居民区党组织副书记或委员。在物业企业中开展党组织、党员亮牌服务，建立党员示范岗、先锋岗和党建责任区，成立党员志愿者服务队，发挥物业企业党组织在物业服务中的战斗堡垒和党员先锋模范作用。其二，探索行使建议权，把好业委会组建换届人选关。在业委会组建、换届中，探索赋予居民区党组织在充分发扬党内民主的前提下行使两项权利："结构建议权"和"人选建议权"，真正将党组织对人选把关落到实处。此举在闵行区全区推广，并纳入区委相关文件。其三，发挥党建引领，促进业委会规范运作。在居民区党组织下设立"业委会工作联合党支部"，支部在居民区党组织领导下，推进业委会党建工作，推进业委会相关工作党内先知晓、先讨论、先行动、先进步、先批评，从而促进业委会提升能力、规范运作。其四，开展社企党建联建，形成社区治理合力。街道与区域内从业的35家物业企业总公司开展党建联建，从组织共建、活动共联、工作共商、资源共享四个维度，增强治理合力。

推动物业提质增效，激发内生动力。一是推动行业"抱团"，建立良性竞争模式。成立古美物业企业联盟，鼓励物业企业共同提高服务能级，引导良性竞争。建立物业企业工会联合会，开展劳动技能大赛，维护职工合法权益。二是推行标准化建设，促进服务规范精细。制定"八个规范"服务标准，引导物业企业依照合同约定，规范提供服务。试点推行面向居民的服务自治微信平台，以信息化、智能化方式，促进信息公开公示和物业服务规范精细。三是建立激励淘汰机制，提升服务专业水平。建立物业应急托管机制和综合考核评价机制，对区域内物业企业定期开展综合考评、发布"红黑榜"，发挥行政导向作用，引导优胜劣汰。四是加强典型引领，营造和谐行业氛围。动员区域内物业企业积极参加红色物业创建。组织开展"优秀物业管理处""最美物业人"等评选、表彰，成立物业劳资矛盾调解工作站。

建章立制高效推进，促进规范运作。一是建立约束机制，推进公开透明。建立业委会任前谈话、重大事项事前报备、信息公开公示、定期述职等四项约束机制。及时公开小区议事规则、管理规约、维修基金、公共收益及业主大会讨论决定事项等，推进公开透明。二是建立支撑机制，提高履职能力。借助第三方力量，落实业委会任前一对一培训、项目指导、律师结对服务、第三方矛盾调处等四项支撑机制。对新成立的业委会开展一对一的应知应会培训，并围绕物业费调整、停车方案修订、物业合同签订等重点难点问题，开展专题研讨，并指导业委会通过修订小区管理规约，增强业主自觉性，解决小区治理难题。三是建立评优机制，激发履职热情。出台评估评价标准，每年两次对业委会运作情况进行评估，对履职优秀的业委会进行表彰、展示，激发业委会及其成员的荣誉感和履职热情。

破解治理突出难题，创新社区治理。一是优化联席会议制度。各居民区在坚持“四位一体”会议基础上，建立健全“1 + 7 + X”联席会议制度。联席会议由居民区党组织牵头，居委会、业委会、物业公司、社区民警、房管办、城管中队、律师等 7 支力量，以及区域化党建共建单位、社区社会组织等参加，商讨解决小区重大事项，进一步推动小区疑难杂症问题在联席会议层面，得到快速有效解决。二是政策破解治理难题。全面推行物业服务收费标准第三方测评，推行第三方代理记账，为物业费调价“破冰”行动打牢基础；建立物业服务应急托管机制，通过托管破解“先提高物业服务质量”和“先上涨物业费”的难题；出台《古美路街道部分农民动迁房小区物业费涨价补贴办法》，政策撬动引导动迁房物业费调价；根据《上海市住宅物业管理规定》精神，引导业主委员会，调整公共收益分成比例，将公共收益 50% 以上用于补充维修资金，物业费调价难题逐步破解。

2. 建设成效

通过三年多的探索实践，古美路街道居民区协同治理架构进一步完善，党建引领旗帜鲜明，居委会法定职责落到实处，业委会主体作用得到发挥，物业服务业主满意度不断提升。

实现“红色物业”创建全覆盖。街道积极延伸拓展领域，将商圈“红色物业”纳入古美“红色物业”整体创建范畴，实现辖区“红色物业”创建全覆盖。

探索推进区域化物业管理模式。针对东兰一居微型小区管理难、街坊道路及相邻小区管理难的突出问题，通过街坊道路改造和统一管理，有效整合物业管理资源，提高物业服务效能，并以此为模板，逐步复制推广。

社区治理成效逐步显现。业委会结构进一步优化，30 余个居民区党组织履行了两个“建议权”；业委会履职能力进一步增强，综合评估优良的业委会达 76.5%；“红色物业”服务水平稳步提升，20 个小区成功创建闵行区“红色物业”示范社区，8 家物业企业被评为区“星级”物业服务企业，淘汰 9 家业主满意度低的物业企业，网格化平台物业相关问题投诉率持续每年下降 25% 左右，物业费收缴率从原来的 76.1% 上升到超过 97%，34 个小区（占 47.9%）提高了物业管理费，公共收益入账率三年间增加了近 500 万元；72 个小区通过业委会主导的美丽家园建设，实现技防设施全覆盖、无死角，2018 年“零”发案小区 56 个，2020 年“零”发案小区 69 个，“零”发案小区大幅度增加。街道连续三年在市级安全感、满意度测评中位列全区第一，连续四年被市综治委评为“上海市平安示范社区”。

“枫桥经验”得到进一步深化。充分利用居民区、业委会自下而上、线上线下的协商民主机制，将业主反映的各类问题通过业委会会议、业主大会等形式进行讨论与协商。一是发动居民参与社区自治，让小区的事转变为业主共同的事。二是落实业委会定期接访制度，让居民有需要时能够找得到门路、摸得着方向，所反映的问题得到妥善答复与处理。三是充分发挥居民代表、楼组长作用，将线上线下收集到的问题，及时向居委、业委会、物业反映，尽可能在基层层面予以帮助、解决。结合新时代创新社会治理的思维，不断探索建立共建共治共享的社会治理新模式。

3. 鲜明特点

注重强化居民区党组织的领导地位。探索推行居民区党组织在业委会组建、换届中，行使“结构建议权”和“人选建议权”，把好业委会组建换届人选关，并在居民区党组织设立“业委会工作联合党支部”，使党组织有能力、有资源、有方法在社区治理中主动牵头、大胆发声、敢于作为。同时，夯实物业行业党建工作，形成党的组织和工作全覆盖，并开展社企党建联建，街道与区域内从业的35家物业企业总公司开展党建联建，增强治理合力。

工作制度健全完善。街道党工委先后出台“物业党建工作方案”“加强党建引领业委会建设的实施办法”，以及一系列配套文件，加强顶层设计，从制度层面为居民区党组织赋能赋权，健全党建引领协同治理机制。

坚持系统思维理念。避免单纯就物业而讲“红色物业”，而是从居民区党组织、居委会、业委会、物业企业四个维度统筹考虑、系统推进。明确居民区党组织的领导、引领作用，落实居委会对业委会和物业相关工作的法定职责，推进物业规范化、可视化服务，以及业委会规范化运作，四方协同促成效。

三、市域层面建立群众参与公共安全治理的激励机制

为充分调动广大人民群众主动参与以城市运行安全、生产安全、食品安全、治安等为主要内容的公共安全管理工作的积极性和主动性，鼓励社区居民、各类志愿者、基层职工等普通百姓关注身边的公共安全，积极举报危害公共安全的各类非法或违规行为，及时发现、处置和消除公共安全隐患，严厉查处危害公共安全的违法犯罪行为，闵行区政府根据《中华人民共和国安全生产法》《中华人民共和国食品安全法》《中华人民共和国农产品质量安全法》《上海市安全生产条例》《上海市食品安全条例》《国务院食品安全委员会办公室关于建立食品安全有奖举报的指导意见》《上海市人民政府办公厅关于转发市食品药品安全委员会办公室市食品药品监管局制订的〈上海市食品安全举报奖励办法〉的通知》等法律、法规和文件的有关规定，制定了举报奖励办法。

从工作流程来看，采取“统一受理、专业分流、首问责任、及时处置”

的工作模式，由区城市网格化综合管理中心（以下简称“区网格化中心”）牵头负责全区城市公共安全举报信息的受理、派发、奖励、督办、报告等日常工作。以区民生热线为全区统一受理电话，区网格化中心进行 24 小时统一受理，各职能部门、街镇（莘庄工业区）接到派发的举报信息后，负责核查和处置。对群众通过市级举报平台转入、直接向区职能部门或相关单位提出举报的，由该职能部门或相关单位受理并核查和处置。

具体来看，一是受理。凡有群众来电举报，区网格化中心及各受理单位工作人员必须要热心接听，问清事由，做好登记。对以书面来信、电子邮件、其他渠道移转等方式举报的信息，一并做好相关受理工作。二是派发。除相关职能部门和单位直接受理的举报外，区网格化中心负责将举报信息通过网格化信息平台发送至有关单位，并规定办理要求和办理时限。三是处置。各单位接收到区网格化中心转来的举报信息或直接受理的举报，按工作职责在规定时限实地核查，并依法处置。四是反馈。各单位在规定的时限内将调查核实或处理情况在系统平台上予以反馈，以便区网格化中心及时向信息提供人反馈处置情况和实施奖励。五是奖励。举报信息被核查属实的，由区网格化中心负责向举报人兑现奖励费用。六是督办。凡未能在时限内处置的举报事项，由区网格化中心向相关接收单位发出督办通知。七是报告。区网格化中心负责每月统计受理、处置、奖励等情况报区政府。

四、社区层面完善群众参与民主法治协商的制度化渠道，发展全过程人民民主，增强社会韧性

（一）长宁区新泾镇“五亭工作法”助力基层民主法治建设

长宁区新泾镇天山星城居民区地处天山路威宁路，建于 2006 年，占地面积 18 万平方米，居民区现有居民 2036 户，人口约 5023 人，党总支在册党员 131 人、在职党员 200 余人，是一个农民动迁房和商品房的混合小区。

天山星城居民区主要有“三个多样化”的特点：人口类型多样化，小区里有老上海居民、新上海居民和本地居民三种类型；人文环境多样化，本地居民喜欢在户外聚会聊天、晾晒衣物、楼道堆物，老上海居民和新上海居民则习惯独门独户，社区交往、邻里交流比较少；居民意识多样化，新泾镇虽然城市化40年，但本地居民的法治意识比较薄弱，遇到问题喜欢抱团，喜欢向党组织和居委会反映，新上海居民入住新泾后，反映诉求的方式就更多了，如拉微信群议事、要求约见等。

如何在这样一个混合型的小区里探索基层法治建设，培育基层民主法治力量，激发居民自治的激情，做好小区治理，是居民区党组织一直在探索的课题。居民区党组织从本地居民喜欢在凉亭聚会聊天的习惯中找到突破口，因地制宜将小区5处凉亭命名为梦贤亭、梦悦亭、梦爱亭、梦思亭、梦馨亭，成立了党组织领导下的亭文化联盟理事会。居民区党组织将民主协商纳入社区治理，形成天山星城独有的“五亭工作法”(亭集民意民需、亭聚民心民力、亭议民生民事、亭立民规民约、亭建民安民乐)，完善共治、共乐、共助、共学、共建的功能，畅通“党建到亭、党规到厅、党风到群”的路径，让居民群众在参与协商、参与服务、参与自治中不断践行民主协商制度，营造浓厚法治文化氛围。

1. 构建亭文化，凝聚民主意识——彰显民主集中法治机理

居民区党总支针对居民思想不统一、习惯不一致、行为不规范，同时又面临着活动空间小、学习形式单一等问题，依托“五亭”载体，厚植共治、共乐、共助、共学、共建功能，打造亭文化，壮大党组织的公共服务空间，增强民主集中氛围，发挥了四个引领作用：

第一，落实“四在四亮”加强政治引领，依法依约固化议事阵地。即主题党日在亭、“三会一课”在亭、党员议事在亭、认领服务项目在亭；亮党员身份、亮服务团队、亮自治项目、亮专业特长，坚持正确的政治导向，扩大党组织和党员的先锋模范作用和正面影响力。

第二，深化“五亭工作法”加强思想引领，依法依约聚焦民生民需。党组织进一步发挥战斗堡垒作用，努力扮演好共识的推动者，在为民服务的过程中，切实用好亭集民意民需、亭聚民心民力、亭议民生民事、亭立民规民约、亭建民安民乐的群众工作方法。

第三，完善“五个纳入”加强组织引领，依法依约自治联盟解决突出问题。即大总支制、交叉任职制、联盟负责制、业委会党小组制、五亭自治制等五项制度，做到自治骨干“五个纳入”，即党支部委员纳入理事会、居委会委员纳入理事会、业委会成员纳入理事会、亭长纳入理事会、团队长纳入理事会，引领各类组织共同参与治理。

第四，激活“两个功能”加强工作引领，依法依约突破“陈规”增强工作活力。突破传统室内活动封闭式空间的概念，凸显党建阵地的政治功能和服务功能，发挥“五亭”共享空间作用，使居民议事厅、活动室、报到处、教学点、服务站实现室内、室外全开放，为居民灵活开设学习的课堂、展示才艺的舞台，做到服务群众零差别。

2. 文化引路，法治助力——依法依规解决疑难问题

近年来，发生在天山星城的小板凳风波、绿化踩踏事件、楼道堆物纠纷，是本地、上海、外来居民之间因习惯、认知、文化的差异所产生的典型矛盾。如何把这些阻力化为助力，居民区党总支牵头成立志愿者队伍，依法依规整治楼道堆物，进而打造门厅文化，坚持 5 年的楼道整治攻坚战为门厅文化的建设提供了外因，奠定了良好基础。

门厅文化的建设前期，经历了第一步楼道整治保洁净、第二步楼道公约建基础、第三步门厅文化打造强管理的成长历程。党组织通过加强楼组“党的工作小组”建设，做实党小组长 + 厅长（楼组长）管理模式，秉持楼组党员楼组学、楼组事情楼组议的宗旨，实现“大事不出小区，小事不出门厅”。逐步实现党建三进入，党员信息进楼组、党员学习进楼组、党员服务进楼组；议事三公开，意见征询公开、居民公约公开、服务信息公开；治理三扮靓，扮靓温馨门厅、扮靓温暖楼道、扮靓温情电梯。形成“一门厅一特色”，目前打造完成10个门厅，占小区楼组总数的四分之一。门厅不仅仅是居民休闲之所，更是党组织开展学习教育、自治共治的重要所在。

3. 党建引领，聚民心集民力——畅通合情合理民生需求途径

居民区党组织要打通服务群众最后一公里，须走进千家万户。混合型小区的居民中有着不同的“群”，党组织打破壁垒、主动介入，合法合理合情渗透融合本地居民、老上海、新上海等各类群体。一是引导先锋力量，党员率先依法依规服务民生需求。居民区在册党员、在职党员是党建引领小区治理的先锋群体，通过主题党日即学习日、实践日、服务日、议事日、活动日，不断锤炼党员的党性修养，牢固树立党员先锋模范形象，以党员带头在小区建设中发挥典型示范作用。二是发挥主导力量，居民区党组织积极拓宽收集民意需求的渠道合理合法，日常走访、个别访谈、群众座谈面对面听取急难愁问题；活用新媒介业主微信群平台，党组织主动介入，合法合规做到个案需求个别议、特殊需求专门议、群体需求代表议，心贴心征集民意，力争把握不同人口来源、年龄层次、文化程度的居民需求，向零遗漏迈进。三是整合区域力量，“双向机制”合法合规满足双向需求。坚持“双向联系”“双向服务”“双向认领”机制，落实在职党员到亭中报到、到亭中议事、到亭中认领服务项目；驻区单位与居民区党组织“三会一课”联组共学；小区治理议题共商；服务群众活动共办，实现由党组织的融合、党员的融合带动群众的融合，如在共建单位的支持下，梦馨亭开展老年理发活动，解决小区老人剪发难的问题。

（二）长宁区虹桥街道：以基层全过程民主实践，完善群众参与社区安全治理的制度化渠道

上海市长宁区虹桥街道中国特色社会主义全过程民主基层实践基地，以党建引领实践基地、理论研究基地、宣传展示基地为主要功能，以立法意见征询、规划决策意见征询、人民意见征集、社区公共事务协商等为主要内容，以表达、沟通、协商、征询、决策、评价为实现路径，以基层的生动实践不断丰富全过程民主的时代内涵，以解决问题的成效体现全过程民主的成果，努力成为新时代人民城市建设中基层党建和基层治理现代化的实践范例，成为讲好中国特色社会主义民主故事的基层窗口。

2020 年 12 月 17 日，随上海市长宁区人民建议征集办公室同步揭牌成立的虹桥街道古北社区人民建议征集联系点，依托古北市民中心中国特色社会主义全过程民主基层实践基地，通过人民建议征集制度的完善和流程再造，聚焦人民群众的关切点、城市治理的缺位点、政策措施的空白点、安全隐患的风险点，推动人民建议从“被动征”向“主动征”转变，使人民群众“金点子”成为助推城市发展、服务民生的“金钥匙”。

虹桥街道的基层全过程民主实践注重从居民群众的实际需求出发，突出人民建议征集的“全过程”管理。一是关于征集议题的确定。通过需求调查等方式，找准痛点、堵点、难点，转化为我们工作的着力点，以议题倒推项目流程和问题解决。二是关于征集网络的建设。用好已有的资源网络，如立法点信息员队伍、古北市民议事厅等，并在信访“家门口”服务点，设置服务矩阵二维码，将人民建议征集的触角延伸到家门口、楼门口、社区口。三是关于征集结果的应用。征集联系点将收集到的需求问题系统化梳理，将人民建议转化为实事项目、转化为公共政策、转化为立法建议。

长虹居民区位于虹桥街道东部，处于长宁区和徐汇区的交界处，紧邻轨道交通 3、4、10 号线虹桥路站，是一个 20 世纪 80 年代封闭式的老式居民小区。小区总户数 1245 户，共有 57 个楼组，常住人口 3361 人。长虹党总支共有总支委员 7 人，兼职委员 2 人，下设 3 个党支部，在册党员数 136 名。近年来，长虹居民区在各项工作中始终坚持全过程人民民主，以党建引领带动小区居民全过程参与，通过不断的探索总结，长虹居民区坚持以人民为中心，坚持人民至上，取得了一定成效，建立了长虹特色的“久乐”工作法，形成党建乐领、居委乐治、议事乐商、楼组乐邻、敬老乐享、团队乐趣活等一系列为民服务的特色理念。

硬件提升全过程齐心共谋，同心共创精品小区。在精品小区打造过程中，长虹党总支坚持发挥全过程人民民主的党建“乐”领作用，一方面，将党组织生活与打造精品小区紧密结合起来，坚持开好“四会”：开放式的党务通报会，确保党员群众的知情权；开放式的民主生活会，确保党员群众的监督权；开放式的意见反馈会，确保党员群众的参与权。另一方面，以“红色业委”为领衔，充分挖掘动员社区能人巧匠，组建成立“社区规划师队伍”，积极动员居民参与到精品打造各项环节，畅通居民发声通道，广泛采纳居民合理意见，全民参与议事乐商，不断增强居民参与感，在居民的议事共商下，最终确定小区外墙颜色、垃圾厢房改造、绿化死角海绵工程改造等项目。

品牌营造全过程民主参与，齐力打造文化特色。长虹居委会为弘扬文明新风尚，让居民知晓社区事、感受社区情，提升文明软实力，达成居委“乐”治方针，2016 年初，在广泛调研、听取各方意见的基础上，于居民代表会议上通过运用服务群众专项经费创办《长虹佳苑》小报的决议，并广泛动员招募，吸纳成立了一支 15 人小报通讯员队伍。在《长虹佳苑》小报项目的开展过程中，长虹居民区牢牢把握一个原则：以居民为主体讲述长虹故事，紧紧遵循“两为”办报方向，即坚持为长虹小区全体居民服务、坚持为打造长虹小区“铸魂工程”而服务（提升长虹小区软实力），建立形成以组长负责、专人专项、通讯员约稿等制度，确保各个环节无疏漏，有条不紊。

目前，《长虹佳苑》小报共刊印发行二十二期，受到了小区居民的一致喜爱。经过 5 年多来的实践，《长虹佳苑》小报项目的运作也愈发成熟。目前，小报不仅是向居民进行文明宣传的良好阵地，同时也是体现身边事、新变化、新作为的一个窗口，不仅是居民自己创办的“长虹故事汇”，更是一张形象鲜明的长虹文化“铭牌”。

电梯加装全过程协商共议，合力共圆加梯梦。随着居民对老旧住宅增设电梯的呼声日渐强烈，为早日圆居民的加梯梦，进一步加强全过程人民民主重大理念在公共事务中的贯彻落实，长虹居民区党组织发挥“火车头”作用，党员志愿者率先牵头，联系群众、动员群众，上门征询每户人家意见，发放问卷排摸居民对加装电梯的需求，带动居民协商设计方案，协调资金分摊、后期运行及维护保养费用等问题，组织楼内居民实地参观成功加装案例。对于楼组内不愿加装电梯的居民进行劝导，为他们解疑答惑，解除顾虑。最终不仅完成了电梯加装工作，还在楼内建立起了微信群，发挥全过程人民民主，让大家畅所欲言，由大家共同参与到电梯品牌选择，外墙面涂料颜色等一系列民主征询中。群内热火朝天的气氛和来自各个楼层住户的热情，渐渐融化了对加装电梯还有顾虑的住户们心中的坚冰。电梯造好了，居民也互相了解了彼此，楼组氛围更“乐”了。

多元主体全过程联动融合，协力构建服务网。长虹小区户籍老人比例达35%，随着老龄化程度日益加重，午饭需求日益增多，围绕构建“15分钟公共生活圈”目标，为让更多老人吃上老年餐，长虹居民区党总支广泛动员，摸清底数，积极与社会组织对接，结合菜品、价格、口碑等多重因素，选定“熙香”社会组织，并于11月份正式运营，截至2021年，累计消费人次达800余名，受到小区内老年人的广泛欢迎。同时，长虹居民区党总支将时间银行的理念融入助餐点的服务，倡导“小老人”为“老老人”服务，同步开办“添福祝寿”项目，每年坚持为小区内72位独居孤老欢庆生辰，与共建单位深入开展系列共建活动，携手共办喜迎新中国成立70周年快闪主题活动，每年与上海沪通电子有限公司共闹元宵，为小区内72位独居孤老送上慰问，与上海胜骊投资有限公司开展九九重阳节为老服务，累计受惠老年居民达1455人次。通过多元主体共参、多元主体互助的形式实现社区美好生活的共治共建共享，打好社区服务老人“敬老乐享”暖情牌。

以长虹居民为例，在全过程人民民主实践探索中取得了一系列工作成效。从小区环境治理方面来看，通过环境的改善带动民主意识的增强。长虹居民集思广益地打造了小区内各大“民”馨点位，如“众馨花园”“馨语亭、童馨梦”等，绘制出了独属长虹的“馨”文化，真正实现暖心惠民工程从“要我做”向“我要做”转变。从文化品牌的打造带动文化自信的提升来看，长虹居民区党总支不断致力于提升社区治理能力，加大文化软实力建设、树立社区服务品牌，打好社区“文化自信牌”。从智能设备的运用带动智能理念的普及方面来看，长虹居民区党总支利用“一网通办”“一网统管”进一步完善“15 分钟公共生活圈”建设，在积极运用网络化、智能化技术手段上下功夫，大力提升长虹党员和居民在精品小区打造中和其他各项党建工作中的获得感、幸福感和满意度。

让“众人的事情由众人商量”是虹桥街道全过程民主的重要实现方式，人民民主的制度优势充分转化为基层治理效能，探索了党建引领下全过程民主的长宁虹桥实践范式，也进一步完善了群众参与社区治理的制度化渠道，增强了基层社会韧性。

（三）长宁区华阳路街道华院居民区：打造基层民主协商法治型小区

近年来，华院居民区以创建基层民主协商法治型小区为契机，坚持问题导向、需求导向，坚持党建引领，坚持民主协商，积极动员多元主体参与，充分挖掘社区法治资源，通过科学立法、专业执法、巧用司法、全民普法，不断提升社区居民干部运用法治思维和法治方式解决问题的能力，不断增强社区居民的法治意识，社区治理法治化水平明显提高。

华院居民区位于华阳路街道西北角，东临华东政法大学，南靠中山公园，北依苏州河，因原为华东政法大学的教职工住宅区，故得名“华院”。小区于 1985 年建成，共有 8 幢多层建筑和 2 幢高层建筑，属商品房和售后公房混合型住宅小区。小区共有居民 389 户，实有人口 1015 人，党员人数 114 人（退休党员 40 人，在职党员 74 人），60 岁以上老年人约占居民区人口总数的 47%。小区约 80% 的居民为华东政法大学教职工，约 70% 的居民从1985年起一直居住在该小区，约三分之一的居民为华东政法大学讲师或教授，还有相当一部分居民为律师。小区居民呈现“一高二熟三强”特点。“一高”是指文化层次高，“二熟”是指人头熟、情况熟，“三强”是指规则意识强、法治意识强、自治意识强。

针对小区特点，华院居民区充分立足小区实际，积极探索小区治理的新路子。经过多年实践，华院居民区形成了基层协商“三段六步法”（即事前收集各类问题、拟定公共议题，事中征集解决建议、协商确定方案，事后公开协商结果、监督方案执行），并在协商过程中做到协商议题公开、程序公开、方案公开、结果公开“四公开”。同时，华院居民区坚持把法治作为社区治理的基本方式，通过科学立法、专业执法、巧用司法、全民普法，奋力推进法治社区建设，社区治理法治化水平明显提高。

一是坚持民主协商，科学立法。华院居民区坚持科学立法、民主立法，把民主协商贯穿于立法的全过程。在立法之前，华院居民区通过党员会议、居民代表会议、“四位一体”联席会、“圆缘园”家园议事会及组团式走访等方式积极了解居民立法诉求，并通过党员先议、社区骨干充分协商的方式确定立法事项。待立法事项确定后，居委会通过宣传栏、黑板报、微信群等向全体社区居民通告，确保居民应知尽知。在立法过程中，居委会积极通过各类会议、微信群、意见征询等方式广泛征求居民意见。目前，华院居民区依托居民代表会议、“四位一体”联席会、“圆缘园”家园议事会等载体，并结合业主大会表决方式，制定形成了《华院住宅区住户守则》《华东政法学院住宅区机动车、非机动车管理规定》等一批居民自治规范。在《住户守则》的制订过程中，居委会认真听取居民意见，把“不准高空抛物”“不准大声喧哗”等意见写入《住户守则》，并邀请社区内律师对《住户守则》的内容进行把关。在《机动车、非机动车管理规定》的制订过程中，居民积极参与，部分居民主动组织其他居民对停车管理的有关内容进行讨论，并提出了“增设亲情停车位”“控制车辆总数”等意见。最终，75.79%的居民实际参与了《机动车、非机动车管理规定》的投票。此外，华院居民区在精品小区建设中始终坚持民主协商，充分扩大居民参与，八项重点方案（人车三分流、光韵智停车、苏河漫步道、垃圾房迁移、换梯总动员、老而弥新园、“圆缘园”议事亭、华院邻聚荟）表决发动率均达到100%，投票率均在90%以上，通过率均超75%。正由于坚持民主协商，华院居民区的立法和决策获得了居民的高度认可，小区治理取得了良好成效，小区的12345投诉量近年来一直处于低位。

二是用足公安资源，专业执法。为有效化解矛盾纠纷，华院居民区一直坚持在做好群众思想工作的基础上，充分发挥社区民警的作用。比如，2017年小区进行二次供水改造，水表外移需要经过居民家楼道外墙，一户居民以可能影响房价为由坚决反对，导致整个工程一度停滞。尽管居委会多次上门做工作，但效果不佳。为此，居委会邀请社区民警协助调解。在社区民警的介入下，该居民不再反对施工，整个二次供水改造工程也顺利完工。在化解社区矛盾纠纷特别是一些复杂的矛盾中，华院居民区充分用好公安资源，积极发挥了社区民警在住宅小区治理中的兜底保障作用。

三是用好司法资源，巧用司法。华院居民区在强化社区民警在社区治理中作用的同时，积极运用司法途径化解矛盾纠纷，不断增强社区法治底色。比如，部分居民因对物业服务质量不满意而拒绝缴纳物业费，个别居民甚至好几年拒缴。在催缴无果的情况下，物业服务企业遂向法院提起诉讼。接到法院的传票后，部分欠缴物业费的居民立即主动补缴了物业费，个别顽固居民也在法院的诉前调解下补缴了物业费。

四是用活社区资源，全民普法。华院小区作为华东政法大学教职工住宅区，小区内法律专家、律师较多，法治资源非常丰富。华院居民区充分利用这一优势，积极开展普法宣传教育，引导居民学法、知法、守法、用法，不断提高居民运用法治思维和法治方式解决问题的能力和水平。一方面，华院居民区党组织同华东政法大学研究生院和高校专家协会开展联建共建，邀请法律专家定期到社区开展法治教育、法律咨询等活动。另一方面，华院居委会积极发动社区内法律专家、律师为居民开设法律课堂、提供法律咨询服务。目前，小区内有 5—6 名律师经常为社区或居民提供遗嘱订立、财产公证、合同签订等方面的法律咨询服务。在普法教育下，“自觉守法、遇事找法、解决问题靠法”的观念深入人心，小区居民法治意识明显增强，遇到法律问题找律师已成为大部分居民的主动自觉行为。

华院居民区基层民主协商法治型小区的实践取得了一定成效。第一，加强了民主协商在法治社区建设中的运用。协商民主是中国式民主，是在我国历史传承、文化传统、经济社会发展的基础上长期发展、渐进改进、内生性演化的结果，是人民内部各方面围绕改革发展稳定重大问题和涉及群众切身利益的实际问题，在决策之前和决策实施之中开展广泛协商，努力形成共识的重要民主形式。华院居民区的实践经验表明，民主协商是社区治理的重要方式。基层民主协商法治型小区建设必须坚持民主协商。尤其是在居民公约、住户守则等自治规范的制定过程中，小区更要坚持充分协商，让各方意见和诉求充分表达。这样才能使自治规范最大程度地体现社区居民的意志，提高自治规范的科学性，才能使自治规范获得居民的普遍认可，提高自治规范的合法性，进而更好地发挥自治规范的治理效能。

第二，加强了行政执法力量在住宅小区中的执法。随着社区社会结构深刻变化、利益格局深刻调整、思想观念多元多样，社区矛盾也日益复杂多发。社区矛盾不仅涉及邻里矛盾，还涉及物权纠纷等矛盾。华院居民区的实践经验表明，单纯依靠做群众思想工作来化解矛盾，经常会出现失灵的情况。小区要善于运用公安、城管等行政执法力量，敢于让公安、城管等行政执法力量在住宅小区中“亮剑”，强化行政执法力量在住宅小区中的执法，进而夯实社区治理法治基础。

第三，加强了社区法治资源的充分挖掘和运用。华院居民区之所以取得良好的治理效果，与其积极扩大居民参与，充分挖掘和运用社区法治资源是密切相关的。社区蕴藏着丰富的资源，在推进基层民主协商法治型小区建设中，小区要善于挖掘和运用社区法治资源，一方面，要充分发掘和培育社区法律“能人”，充分发挥他们在法治宣传教育、学法用法带头示范等方面的积极作用；另一方面，要积极搭建居民群众参与载体，拓宽居民群众参与渠道，完善居民群众参与机制，有序引导居民参与基层民主协商法治型小区的建设。

（四）长宁区天山路街道纺大居民区“十民景观”

纺大居民区位于长宁区天山路街道南部，居民 2100 户，常住人口 6000 余人，60% 的居民为东华大学教职员工。2001 年，随着居民自我管理意识逐渐增强，党建引领下的社区自治格局初见雏形，居民区党总支创新群众工作方法，成立了全市首个以“民有所呼、我有所应”为导向的党建品牌——“社情民意气象站”。如今，随着社区治理形势的不断变化，纺大居民区紧扣时代脉搏，不断丰富“社情民意气象站”的新时代新内涵。2021 年，居民区广泛发动居民参与社区微更新，形成了“党建强引擎”“自治微花园”“共享议事厅”“法制‘廉’动力”“特色文化墙”“微型博物馆”等“十民景观”，推动自治、共治、德治、法治四治一体，使老旧小区焕发出新的人文底蕴和颜值品质。

1. 纺大居民区“十民景观”形成的背景和起因

说到“十民景观”，必须追溯至 20 年前的“社情民意气象站”。当时，基于纺大社区“两老”“两高”“两好”（即社区房龄老、年龄老，居民层次高、素质高，党建氛围好、作用好）的特点，居民区积极践行党的“凝聚力工程”，急群众所急、想群众所想，探索创立了“社情民意气象站”，从发挥党员的先锋模范作用着手，居民区党总支制作了调查问卷，就党员们能提供哪些服务、居民有哪些需求进行征询。在党总支的引导下，东华大学的教师和社区党员主动走进社区当起“气象员”，从各方面倾听居民呼声，解决他们的急难愁、需盼求，逐步形成了“五必报、五必议、五必做”的“三五工作法”，大学教授与居委干部组成社区工作智囊团，共商共议社区建设。2015 年，市委“1 + 6”文件实施，纺大居民区党总支针对新时期社区治理中的新情况、新问题，推出“六要素”居民自治工作法，通过“建立民情室、发放民情卡、使用民情簿、设立民情箱、出版民情报、开通民意网”六种方式，全面收集社情民意，解决居民的烦心事、揪心事，在引导居民自治共治的过程中迈出了又一坚实的步伐。随着越来越多的居民参与，“气象员”队伍已壮大至 300 余人，成为社区自治共治的生力军和排头兵，“社情民意气象站”也成了纺大居民区全面感知和服务群众需求、深化凝聚力工程的重要载体，得到居民的热烈欢迎和充分肯定。纺大居民区党总支先后荣获区第 6 轮党建工作金奖标兵单位、区第 7 轮党建工作金奖单位。

2021 年是“社情民意气象站”成立 20 周年，以此为契机，纺大居民区以“绿色家园、亲情家园、安心家园、活力家园”为目标，积极打造“居民区、校区、园区、街区”四区融合共治的社区共同体，将公众参与体现在社区治理的全过程，推出了“党建强引擎”“自治微花园”“共享议事厅”“法制‘廉’动力”“特色文化墙”“微型博物馆”“七彩屋里厢”“小小童心园”“传承赤子心”“紫藤花守约”等独具匠心的“十民景观”，画出社区居民最大同心圆，实现共建共治共享。

2. 纺大居民区“十民景观”的做法与经过

2020 年以来，纺大居民区依托长宁精品小区建设、一街一品项目等，先后开展了屋外立面修缮、路面改造、管线落地、海绵工程、绿化和景观提升等工程，打造了“一站一馆一组一点三园”，显著提升社区宜居品质。2021 年，依托“社情民意气象站”这一党建品牌，居民区会同“气象员”广泛听取居民意见，又进一步形成纺大“十民景观”，持续发挥着“气象站”的感知功能、融合功能和指引功能，从社区治理、社区关怀和公共服务的细微环节中，彰显纺大人对幸福生活的不断追求。

民初心：党建强引擎——红色基因展风采。小区门口的宣传栏是居民获取咨询的重要窗口，党建宣传栏及时进行信息实时更新，能够进一步提升基层党建的文化内涵，使广大党员群众在耳濡目染中增长知识，了解、支持、监督小区党建工作，为党员营造“身边有课堂，时时受教育”的浓厚氛围，发挥党建引领作用。

民治圃：自治微花园——自治共建促新生。为了改善原本草坪老化、景观凌乱状况，通过“楼组自治”的建设，居民自己动手，将这块荒废的草坪改造成一块居民“共建共管共享”的自治花园；并且居民区党总支牵头召集了一支养绿护绿志愿者队伍，居民自发认领“维护巡查任务”，打造美丽“百家百花园”。

民沁园：共享议事厅——健身议事两不误。纺大小区一街一品的“三园”的发源地，纺大民沁园市民健身苑点是一个集居民健身娱乐、公共议事、社区活动于一体的多功能健身苑，同时还是居民的“共享议事厅”，可一起商讨群众关心的热点、难点问题。

民法苑：法治“廉”动力——寓教于乐促和谐。纺大小区历来重视普法活动，2019 年获得“全国民主法制示范社区”重点培育单位。“法治文化长廊”共设 3 个法制宣传栏，结合园区资源共同商议宣教内容，让居民群众在学中乐、乐中学、学中用，养成学法、知法、守法、护法的意识和习惯。

民绘墙：特色文化墙——街区焕新靓品牌。位于安顺路背面的墙体及沿线原本是一条商业街，其中大多是居民破墙开的小商铺，2017 年，在天山路街道的统一部署下，纺大居民区进行了“五违四必”整治工作，对这里进行了改造。随后居民觉得路边的白墙与整个纺大小区显得尤为突兀，在广泛听取居民意见后，决定打造一面属于社区的文化墙，在确定文化墙展示社区创立了 20 年的党建品牌——“社情民意气象站”后，又采纳了东华大学教授的建议，采用中国字体的演变史：甲骨文（商）→ 金文（周）→ 小篆（秦）→ 隶书（汉）→ 楷书（魏晋）→ 行书书写“社情民意气象站”七个大字，希望向行人呈现纺大居民区的美好。

民忆馆：微型博物馆——记忆传承守初心。“民忆馆”是“民意”微型博物馆。民忆馆原本为居民休息室，居民在此聊天、打牌、择菜。但由于年久失修，居民普遍认为无论从美观角度，还是实用性上而言，都需要进行一次全面的整治。对此，居委会积极听取“气象员”收集来的民情民意，结合“一街一品”项目，将这里改造成一个集休闲与展览于一体的微型博物馆。如今，这里会定期举办居民投选的主题展览，让大家在感受社区文化的同时，唤醒自己对社区的归属感。

民议楼：七彩屋里厢——共绘温馨邻里情。重新装饰的38号楼组，温馨明亮的楼底空间、优美的彩绘和景观花架、丰富的内涵和它们背后的故事，承载着幸福楼组居民的美好愿景。通过社区自治平台，确定了“文化楼道”的建设方案，通过彩绘形式，为家园添彩。

民乐角：小小童心园——共创幸福汇童心。为丰富社区儿童的课余生活，将原本的垃圾厢房拆除改建为社区儿童友好社区示范点，打造成集科普、实践、运动、休闲于一体的多功能房间。

民爱点：传承赤子心——筑梦青春爱国情。社区与校区共建联建，携手泸定中学打造培养了一支以既是校内学生又是纺大居民为人选的“小小护旗手”自治团队，通过校内培训、社区实践，把党员组织起来，再带动群众、带动青年，共建和谐小区。

民意站：紫藤花守约——紫藤汇聚解民忧。纺大小区的“民议园”还有一个浪漫的名字——“紫藤下的约定”，倾听居民民意，解决居民需求，这里是纺大的工作阵地，也是社区群众的“居民之家”。

纺大居民区是怎么把“自由地”变“民治圃”的呢？党建引领居民自治发挥了很大作用。

一是民主协商，“三驾马车”齐发力。在天山路街道的指导下，纺大居民区党总支联合居委会、物业、业委会成立专项小组。居民区书记作为第一联系人，多次走访与居民进行沟通。最终，居民对后续花园建设占地大小、植被种类、后续养护等问题形成统一意见。此外，居民区与物业、业委会多次实地察看，就这片无主“绿化地”占用停车位问题进行协商，将被占用的停车位重新还回居民手中。

二是变废为“宝”，“荒地”变“花园”。2016年，退休了的老倪有了“闲工夫”。经过与邻里沟通协商，老倪在楼道前的废弃空地搭起花棚，引种了一些易成活的盆栽植物，形成了如今“自治花圃”的雏形。“与如今精致美观的花圃相比，曾经的花棚虽然简陋，却早早唤起了居民们的主人翁意识”，老倪说道:“早年间，居民们习惯随手把垃圾扔到空地，再加上杂草丛生，这块区域的环境很不美观。但是自从花棚搭起来后，大家维护环境的意识有了很大提高。”去年，依托“楼组自治”工作的开展，老倪带领着居民一起动手，将“花棚”改造成了居民们“共建共管共享”的自治花圃。居民们都说，小区开辟出这样一块地方，让他们找到了“田园乐趣”，亲眼看着花圃里的花草越来越繁茂、环境越来越漂亮，由衷感到一种自豪感。“大家都爱上了与鲜花相伴的生活！”

三是以花会友，携手“民治圃”。如今，小区居民已然自发组成了“养花圈子”，小朋友在爷爷奶奶的带领下过来看花、识花、增长知识，爱花的居民们在这里交流邻里趣事、分享养花、生活小妙招。爱好在这里得以满足，民情在这里得以汇总，养花居民人人成了“气象员”，一方小小的“自治花圃”俨然变身社区居民们的“百家客厅”。更令老倪高兴的是，热心居民们不仅将家中种植的各类花卉植物送到花圃，还在党总支的牵头下，成立了一支养绿护绿的志愿者队伍——“城市意境绿化小组”。小组成员每天轮流当好花园“值日生”，协助做好花园管理。党总支还很贴心地邀请了绿植养护专家，为居民开设种花课堂、传授种植技巧。花是有生命的，大家用心呵护、投入感情，它也会用灿烂怡人的容颜来回馈于你。社区也是如此，只有大家共同努力，才能将社区真正建设成“美丽家园”。

在纺大小区这样鳞次栉比的老式居民区里，如何打造一方满足日常交流、休闲娱乐的生态空间，多年来一直是党总支、居委会、业委会着力探索的建设重点。自治花圃的建成，不但为居民们提供了一种寻找身边“小确幸”的方式，更是社区“生态文化理念”的传递。

3. 纺大“十民景观”的成效与反响

纺大居民区的“十民景观”，延续了“社情民意气象站”的精神内涵，积极推动群众工作往实里做、向深处走，促进了联系服务群众经常化、制度化、常态化，取得了积极成效。

一是党建引领更加有力。纺大居民区呈现出诸多可喜的变化，社区干部的群众意识、群众情感更是体现在工作的方方面面、点点滴滴。这种把群众的点滴放在心坎上的温暖，激发了社区内党员、群众的向心力与凝聚力，涌现出一大批先锋模范、团队带头人，他们为社区事务任劳任怨，形成了良好的榜样力量。

二是区域统筹更加有效。驻区单位主动且经常参与纺大居民区组织的主题实践、文体活动和实事工程，他们在服务群众的同时，也接受了思想教育。有驻区单位表示，大家同在一个社区工作生活，把联系服务群众作为共同的职责，党员和党组织的“先”和“优”走出单位、落到社区，转化为群众身边看得见、摸得着的实事项目，彰显了党全心全意为人民服务的宗旨。

三是社区治理更加有序。党总支将“十民景观”作为“社情民意气象站”新的载体渠道，积极问需、问计、问效于民，以重点议题为牵引，推进民主协商、街居共建、邻里互动，在构建“社区事、大家议、共同定”机制中，依靠群众力量、社会力量，有效协调利益关系，维护社区和谐稳定，创造温馨美好家园。

四是党群关系更加密切。“景观”建在小区内，服务也切切实实落到了居民心坎上，拉近了距离，增进了互信，融洽了关系。社区干部和志愿者走家串户，嘘寒问暖、答疑解惑、排忧解难，这种经常性、面对面地与群众打交道，更容易赢得居民的信任和认同。

纺大居民区形成了团结群众、动员群众、服务群众、凝聚群众的良好氛围，构建起党总支领导、居委会主导、“气象员”支撑、多方面联动的群众工作新格局，为践行群众观点、走好群众路线提供了较好的工作模式和有益经验，具有较强的借鉴意义。一是做好群众工作，没有捷径他法，贵在坚持、难在坚持、成在坚持。“社情民意气象站”成立以来，经过20年实践积淀，纺大居民区因地制宜进行探索创新，“一张蓝图绘到底”，把需求变为职责，把服务变为制度，融入日常工作中，久久为功、常抓常新。二是做好群众工作，必须见人走心，与群众想在一起、干在一起。群众工作也是民心工程，走好群众路线，必须面对面、心贴心、实打实，只有全心全意，才能换来群众的真情真意，赢得群众的信赖和支持。三是做好群众工作，必须用好全过程民主，相信群众、依靠群众。走群众路线，基本方法就是从群众中来，到群众中去，也是全过程民主的具体体现。纺大居民区的实践证明，不论是居民自治、关爱帮扶，还是社区活动、社区更新等，只要把群众发动起来，让群众参与进来，通过事务共商、问题共议、难题共解、项目共推，就能激发蕴含在群众中的无穷力量，从而引导他们自己创造美好生活。四是做好群众工作，必须善于整合资源，调动一切力量服务群众。社区资源有限，党组织要根据群众个性化、多样化的需求，充分挖掘和整合组织资源、经济资源、社会资源、活动资源，为我所用，惠及群众。

总的来看，纺大居民区依托“社情民意气象站”党建品牌，在社区微更新推进过程中广泛发动居民参与，推动了社区自治、共治、德治、法治四治一体建设。一是探索形成了在地化的“全过程人民民主”实践机制和工作方法。通过“社情民意气象站”平台，构建起党总支领导、居委会主导、“气象员”支撑、多方面联动的群众工作格局，形成了感知民情、掌握民意，回应民需、解决民忧的工作闭环。二是通过社区空间规划再完善促进社会再组织，实现向社区的赋权和增能。参与式的社区规划，让居民参与到社区更新具体规划的再细化过程中，也使得这些规划能够更好地落地和更加接地气，切实将居民参与转化为治理效能，提升社区治理韧性。

（五）长宁区周家桥街道中五居民区：民主协商助推社区治理攻坚克难

近年来，周家桥街道中五居民区以社区党建引领社区治理，充分发挥党员志愿先锋队作用，以解决居民的所需所求所难作为出发点和落脚点，将“我为群众办实事”的理念融入日常工作中，以基层民主商榷为抓手，打造“共建共治共享”社区治理新格局，提高了居民参与社区事务的热情和积极性。在政策宣传、动议协商、申请报建、公示公告、施工建设、监管维护等环节，中五居民区始终坚守“全过程人民民主”，始终坚持“群众事情商量着办”。

三泾南宅小区隶属中五居民区，始建于20世纪90年代，是集动迁回迁房、商品房、售后公房的混合型小区，共有1082户，实有人口约3100人。小区地处内环线以内，东起凯旋路，西临长宁区妇保院，南靠武夷路，北近来福士中山公园商圈，居民早已习惯了“15分钟生活圈”的幸福日常，加上多年的邻里情，都不愿意离开这个基础设施老旧的小区。三泾南宅小区共有住宅楼46栋，小区大部分是7层楼的房屋。随着小区人口老龄化，老年人上下楼极不方便。中五居民区党总支深入贯彻落实周家桥街道“五子”民心工程之一的“架梯子”工作，积极推进“全过程人民民主”，强化党建引领下的居民自治和社区共治，在社区治理过程中前期收集民意，中期协商议事，后期监督管理，破解加装电梯的难题。

自2015年6月启动第一台加梯项目以来，三泾南宅小区共建成使用14台，在建2台，已完成签约2台，共18台，另有多个楼道在意见征询中，切实解决部分居民出行难，让住在老房子里老年人的电梯梦得以实现。主要做法如下：

首先，成立加梯自治联盟，前期民主协商促进达成共识。为老旧楼房加装电梯是“关键小事”，但也是“民生难事”。从最初提出加梯设想到最终建成投用，每一部电梯加装的中间各环节都存在着诸多难题。如何统一居民意见？如何分摊费用？如何设计电梯方案？如何保证施工质量？2016年中五居民区党总支牵头居委会、业委会、物业和居民骨干，联合中五居民区法律志愿者工作室，成立了“悦居中五加装电梯自治联盟”，全程参与每一部电梯的加梯进程。

难点一：不同意，怎么办？众所周知，加装电梯意见征询是最大的难题，有些楼道意见征询结果反反复复，还有个别楼道因为各种原因导致花几年时间也无法达成共识，但是也有楼道在加梯牵头人的正确带领下，仅仅用了21天，就达成了整栋楼的加梯意见统一，顺利进入加梯流程，由此可见加梯牵头人的重要性。有道是：“火车跑得快，全靠车头带！”要解决难题，首先是挖掘出楼里善于沟通、有公信力、有专业知识的业主代表，作为加梯牵头人，加入“自治联盟”。一方面，加梯牵头人协助居民区党总支业委会多次召开座谈会、说明会、协调会广泛征求意见建议，让居民们对整个项目不仅“心中有数”，而且“心中有底”；另一方面，加梯牵头人联合楼内党员、楼组长带头进行协商协调、疏导，解决加梯过程中的痛点、难点，促进共识达成。

难点二：改主意了，怎么办？在与代建单位签约后，业主反悔了，碰到这类棘手问题，就轮到自治联盟中的法律志愿者团队登场了。中五居民区法律志愿者工作室由10余名法律专业人士组成，其中党员8人，包括律师事务所在职律师、退休法官、退休社区民警等。该团队已成立20多年，定期为民服务。近年来小区因加装电梯所引发的邻里纠纷矛盾较多，志愿者们牺牲休息时间，积极参与民事讨论，更是不断研习新政新规，引导业主理性协商、民主协商，为推进小区成功加梯作出了积极贡献。类似加梯过程中前后表决意见不统一，签约后反悔的案例，法律志愿者会帮助厘清法律关系，给出相关司法解释，告知居民可以主张的权益，晓之以理；加梯牵头人和居委会则从化解矛盾的角度再从中调解，动之以情，合力解决难题。《民法典》颁布以后，很多居民陆续找到居委会，认为只要三分之二的业主同意就可以加梯了，不再有“一票否决”了，居委会反复解释“仍要做好居民的意见统一……”，显然不专业的回答很难让居民信服，居民们只好向法律志愿者蒋律师求助。蒋律师利用下班后的时间给居民们讲解法律条规，对居民提出的问题也逐一耐心解答，把道理法理都说明说透，让居民清楚新规的本意，鼓励业主通过民主协商解决“悬空老人”问题，从法律层面为达成楼道加梯意见统一助力加油。

难点三：找不到人，怎么办？起初居委会指导加梯牵头人用纸质的意见征询表，挨家挨户的问询意见，让居民们在表格上签字表态。可是有些房屋是出租户，一时找不到业主；有些业主早出晚归，牵头人无法联系到。为了能找到每一家业主，加梯牵头人需要反复上门，楼上楼下奔走，过程十分辛苦，经常会请求居委会协助完成。加梯意见征询过程时间长，耗费精力大，极有可能造成部分居民思想动摇、立场变化，无形中给加梯增加了难度。为此，街道通过数字化赋能定制了“加梯网”小程序，在居民区楼道、宣传栏等醒目位置，张贴“一楼一码”即加梯二维码，只要用手机微信“扫一扫”后，就可以进入“加梯网”小程序，除了可以了解到最新的加梯的政策法规、专业的电梯工程知识、成功加梯的参考案例等，还可以看到自己所居住的单元楼的基本信息、加装电梯排查情况以及加梯条件、干扰因素，了解到自己居住的楼道是否适合加装电梯，并表达自己的加梯的意愿。通过填写“意愿调查表”，填写自己的住宅信息、联系方式后，即可表达自己的加梯意愿，整个操作流程十分简单。有了这个小程序，常住的居民随时都可以表态，加梯牵头人也可以通过楼道微信群发送二维码征询不常住居民的意见，突破了时间和空间的限制，从而加快了加梯意见征询的进度。

其次，“一梯一方案”量身定制，中期民主协商实现锦上添花。闯过前期“民意关”，加装电梯也并非一路绿灯，方案设计是重中之重，因为每一幢房屋都有其不同的结构，以及各种不同的环境因素影响，所以，必须“一梯一方案”，业委会多次召集业主、设计单位、施工方共同商讨，设计并优化施工方案。中五居民区利用各项目契机，叠加实事工程，自治项目等，全力助推成片加梯项目。

叠加一：结合精品小区改建，降低加梯成本，提高小区品质。2019年政府实事工程“精品小区改建”项目在小区火热开展，对小区的门头、门禁、监控、车棚、休闲点、绿化、路面、平改坡、外立面、路灯等做了更新提升，改建后的小区环境大大提升，居民生活环境舒适便捷，赞不绝口。同时，因为三泾南宅小区有成片加梯趋势这一特殊情况，业委会向施工单位提出要求，在更新管道的同时，要给楼道加梯“让道”，以降低加梯成本，减轻居民的出资负担，再次拉动了成片加梯进度条。

叠加二：打造新时代文明创建示范楼组，提升居民获得感，增加楼组凝聚力。居委会对已成功加梯的楼道，叠加新时代文明实践示范楼组创建，根据每幢房子的实际情况来量身定制，充分征求楼内居民意见，请专业设计公司现场测量设计制作，打造“孝亲敬老”“科普教育”“环境保护”等主题楼道。在一楼入口处放置休闲椅、书架、绿植等，打造有温度的候梯厅。有些楼道宽敞，居民会停放非机动车，既影响通行，也不安全，居民便商议决定在楼道墙上安装便民置物箱，一户一箱，可以存放出门容易忘记带的物品，如雨伞、口罩等，置物箱也变向制止了个别不自觉的居民在楼道内停放非机动车的行为。进了楼道就是“回家”，通过加梯，邻里间从陌生到熟悉，楼组还成立邻里微信群，平时生活中帮忙收快递、看孩子，互相照应着，对楼道不文明的现象也及时发声制止，在大家相互监督下，楼道“内环境”也得到了提升。

最后，工程质量管控，后期民主协商发动居民自治。意见和方案都确定以后，工程质量成为居民关心关注的重点问题。加梯自治联盟此时需要引导居民选择一家放心、满意的代建单位，要对多家代建单位摸底考察、收集资料，因为所有业主都有知情权，所以要召集业主共同商议确定。从代建单位的资质、实例、经验等方面综合分析，选择最适合本楼道的，再请代建单位给业主讲解设计的方案，例如：各个品牌的电梯价格；电梯安装对建筑物本身会不会有影响；电线水管等隐蔽工程的走向；电梯造好以后消防通道占用等问题，代建单位都要给予答复解释、消除疑惑。确定代建单位后，施工过程中如遇问题，涉及修改图纸的，是否与所有业主沟通、按规定上报审批流程，也要及时解决……更多的细节问题，需要居民合力来发现、及时提出，共同监督工程质量。加装的电梯运行后，加梯自治联盟耐心指导和鼓励已加梯的楼道居民自治管理电梯。居民充分发挥民间智慧，成立电梯管理小组，将加装电梯后续工作进一步细化职责，以形成“乘梯公约”和“电梯使用协议”等，每户居民签字承诺，自觉遵守，共同维护，制止约束不文明乘梯行为。根据公约来实行对电梯的使用、维修、养护制度，及费用分摊，让居民逐步形成自助、自管的主体意识。

中五居民区积极开展社区协商民主实践，由居委会搭建议事平台，利用社区共治和居民自治，畅通议事渠道，激发全民参与，通过民主协商，结合政府实事工程，进一步提升悦时尚、悦便捷、悦和谐、悦平安、悦健康“五悦”社区治理品牌，结合实事工程，在老房加梯、楼道创建、更新适龄化项目、法治社区建设等工作中力求突破难点，让居民可以真正“悦居”中五。中五居民区通过推进民主协商，强化居民参与小区建设管理的意识和责任，做到问政于民、问计于民、问需于民，解决了不少“老、旧、小、远”的难题，让居民群众切实感到变化、看到实效、得到实惠。三泾南宅小区整体面貌也有了明显提升，基础设施更新换代，既保留小区活力，又达到改善居住环境的目的，同时也增强了党员群众的凝聚力，构筑和谐邻里关系，营造居民积极参与社区治理的良好氛围。

总的来看，周家桥街道中五居民区由居委会搭建议事平台，利用社区共治和居民自治，畅通议事渠道，激发全民参与。通过党建引领全过程民主协商，破解了加装电梯难题。充分发挥居民区党组织的领导核心作用，基层党组织作为社区关系的连接点，带领居民参与社区自治，破解治理难题成效显著。整合社区内部资源，健全社会参与机制，通过深度的民主协商达成共识，培育了更多的社区积极行动者。通过挖掘楼里善于沟通、有公信力、有专业知识的业主代表，作为加梯牵头人，加入“自治联盟”，把这些能人汇聚在一起，实现了高质量、多元化的社区参与。通过“加梯网”小程序的应用，数字化赋能社区协商治理，从多层面、全流程充分呈现基层民主协商实践，提升社区基础韧性。

（六）崇明区“东滩红雁”平安志愿服务项目：聚合民力群防群治

2005 年崇明区陈家镇启动大规模的动拆迁工作，到 2017 年底回搬基本结束。轨道交通的开工建设，让陈家镇又迎来了重大机遇和广阔空间。然而，快速的城市化进程和便捷的交通区位优势也给社会治理带来了巨大的挑战。拆迁跨度长、动迁范围广，拔点安置仍在继续，由动拆迁引发的矛盾层出不穷。同时，陈家镇交通相对便利，外来人口较多，非法客运、行医、捕捞，“三无”船舶，外来人口管理等社会治理问题压力始终不减。2020 年“东滩红雁”群防群治平安志愿服务项目应运而生，将群众参与作为平安建设的重要保障，运用群众智慧和群众力量，通过有效发挥群众的主体作用，创新探索出一套群众真心认可、广泛参与、普遍受益的基层治理模式，真正实现共建共治共享，有效地保障和服务了上海超大城市安全有序运行、崇明世界级生态岛和谐平稳建设。东滩红雁”群防群治平安志愿服务项目取得了以下成效：

一是唤醒家园意识，构建了大平安的工作格局，进一步落实各部门齐抓共管的工作机制。“东滩红雁”群防群治平安志愿服务项目改变了过去单纯就治安讲治安，就稳定抓稳定的做法，把平安稳定工程融入各个工作领域、工作部门和工作环节。通过项目推动各单位、各部门立足本职服务大局，承担起平安建设的政治责任，按照谁主管、谁负责的原则，把平安建设和业务工作放在同等重要的位置，做到了不仅主要领导要亲自抓、负总责，还有一名副职具体负责。进一步落实了众创平安机制。群众参与是平安建设的重要保障。“东滩红雁”群防群治平安志愿服务项目通过整合社会资源，拓宽参与渠道，激发群众参与热情，发挥平安志愿者的主人翁意识，破解了当前平安建设工作难题，通过发挥平安志愿者的领头雁作用，唤醒群众的“家园意识”，激发群众和社会面的参与度，自觉投身平安创建和基层社会治理，维护全镇社会政治稳定，打造共建共治共享的社会治理格局。

二是有效整合资源。“东滩红雁”群防群治平安志愿服务项目从组织框架的搭建和工作内容的设计，都是对原有工作基础的一次整合和提升，在人力、物力和机制的支撑和保障下，努力探索新形势下加强矛盾隐患排查、社区治安防控、重点人员管控、外来人口管理、生态环境保护的新路子，实现了区域内各类资源的一次整合，体系化、系统化的构建平安工作格局，扩大了平安建设的外延，体现了政法工作“打防结合、预防为主，专群结合、依靠群众”特点。近年来，通过开展广泛的探索和实践，涌现出一批如瀛东村的“瀛东卫”、裕安村的“橙群结对”、裕鸿佳苑第二居委的“守护夕阳红”、裕鸿佳苑第四居委的“新姐妹爱心巡逻队”等各具特色的村居平安建设亮点，同时成立了雁巢心理咨询室、裕鸿佳苑第二居委的老丁调解工作室、裕西村的裕香益家人调解工作室、陈西村的石根调解工作室等公共法律服务点。

三是打造项目化模式，提升平安建设成效。在疫情防控期间，陈家镇积极发挥群防群治、联防联控的关键作用，组织平安志愿者积极参与外来人员排摸、登记、道口防疫检查、宣传告知等工作，整合资源，着力织密“镇、街、村（居）、队（组）”四级全方位、立体化的群防群治防控网络体系，确保各项工作横向到边、纵向到底。在“崇明区新冠疫苗临时接种点陈家镇点”开设期间，“东滩红雁”平安志愿者积极响应号召，立即行动起来，带头学习了解疫苗接种相关流程、注意事项等，主动深入群众开展宣传活动。并安排 60 名志愿者，每日 10 名志愿者轮流在疫苗点驻守，负责引导、分流、筛查等工作，减轻医护人员负担，确保疫苗接种工作有序开展。今年共组织平安志愿者参与烟花爆竹管控、花博会社会面防控、建党一百周年等重要时间节点等巡查1000余人，35000余人次；2021年上半年共受理结案人民调解案件218件，受理案件中共涉及当事人596人，协议达成金额1677万元，调解成功率100%；组织专业平安志愿者开展特殊人员及其家庭慰问、上门帮教、心理疏导、兴趣小组活动等爱心帮教68人次。以法治宣传项目、爱鸟护鸟项目、生态保护项目等为抓手，结合春节、植树节、劳动节等重要时间节点，充分利用陈家镇东滩的有利资源，多次组织平安志愿者开展以防范电信诈骗、保护环境、爱鸟护鸟等不同主题的活动，加强政法工作的宣传广度和深度。

第五节　技术韧性建设成效

习近平总书记在主持中共中央政治局第二十六次集体学习时发表讲话强调，“坚持推进国家安全体系和能力现代化，坚持以改革创新为动力，加强法治思维，构建系统完备、科学规范、运行有效的国家安全制度体系，提高运用科学技术维护国家安全的能力，不断增强塑造国家安全态势的能力。”[1] 在推进安全韧性城市建设过程中，技术韧性助推制度韧性、组织韧性、社会韧性、工程韧性以及文化韧性的发展。以公共安全技术为支撑，把物联网、大数据、云计算等“互联网＋”技术注入安全韧性城市建设框架中，有助于编织立体化、全方位的公共安全网。

一、市域层面以数字化赋能、基层联动融合夯实防控体系基础工程

长宁区北新泾街道综治中心成立于2011年，位于长宁区金钟路388号，建筑面积1250平方米。2020年，中心以市域社会治理现代化创新实践

[1]《习近平在中央政治局第二十六次集体学习时强调　坚持系统思维构建大安全格局　为建设社会主义现代化国家提供坚强保障》,《中国应急管理》2020年12月25日。

为契机，主动对接“平安长宁升级版建设”，秉承“控案消患、平安不出事，止新化旧、矛盾不出街，关爱帮扶、服务不缺位，自治共治、法治不缺席”的新时代“枫桥经验”，进一步激发社会治理新动能、拓展综治中心新实践，打造平安建设新标杆。

1. 一门汇聚、服务“最多跑一地”

建设一体化平安服务中心，通过内部功能整合、社会组织进驻、执法资源导入、便民项目自助、智能安全体验等五方面汇聚，生成功能全要素、响应全天候的“1个综合大厅＋6个功能区”，实现平安服务“最多跑一地”。一是内设部门功能整合。将平安办、司法所、信访办、禁毒办、防范办、防火办、安全办、特种设备办、人口办、扫黑除恶办等10个内设部门整合成“社会治安联防、公共安全联治、平安社区联创、矛盾纠纷联调、关爱帮扶联动、法治社区联建”6个功能区。二是社会组织配套进驻。培育引入马路娣、馨路、自强、新航、亚太EAP、诚欣、综治协会、平安社工协会、见义勇为基金等9家社会组织实体进驻相应功能区。三是执法部门资源导入。对接导入法院、检察院、派出所、城管、市场监管等6家执法部门，实行前台接待下沉、后台项目共建、内部执法联动、外部整治联勤。四是24小时便民自助。信访、司法、监管备案、人口采集点、事务预受点、爱心接力站等6类便民项目，实行全天候自助性服务。五是公共安全智能体验：通过AI智能等技术，提供集聚禁毒、消防、治安、反恐、司法、交通、民防、卫生等8类公共安全智能体验服务。

2. 二网统办、治理“最全大数据”

建设智能化社区运行大脑，对接政务服务一网通办、城市运行一网统管，整合党建、管理、安防、服务、发展，推进“一个平台汇聚、一个矩阵融合、一个网络应用”的智慧治理，实现社区治理“最全大数据”。一是一个平台汇聚多源信息。依托一网通办、一网统管顶层设计，通过市区政务云数据共享，视频、物联网等感知数据导入、AI终端社会数据引入，以地、人、物、车、情等为要素，建立起标准化的基础平台。二是一个矩阵融合多元软件。以数据调用、业务配套、流程整合为顺序，循序整合存量社会治理相关软件系统，最终形成上下、左右、内外兼用的智慧大脑体系。三是一个网络支撑多种应用。以人工智能目标检测算法和视频数据处理技术为基础，实现对“神经元”感知信息的全过程、全天候智能化记录、检测、判断和推送。结合公共安全监管工作，实现快速预警、统一指挥、闭环处置。

3. 三格联勤、网格“最快见行动”

建设网格化一线处置队伍，设置东、南、西三个网格，通过“下沉一批、联动一批、轮值一批、志愿一批”，做实一线队伍整编联勤，形成人、责、事三落实的网格巡查处置机制，实现网格管理“最快见行动”。一是部门联动、科学指挥。以智慧大脑为枢纽统筹部门职能，以实体队伍为常态统筹任务分流，以大数据研判为重点统筹风险预警，做强部门联动。二是队伍整编、综合执法。将公安、综治、城管、市场、市容等多网叠合为一网、多人整编成一队、多管统筹为共管，做强队伍联勤。三是力量下沉、常态处置。以勤务改革增强一线巡查力量、职能整合明确网格工作任务、队伍下沉强化基层综合治理，做强工作联处。

4. 四防并举、社区“最实安全感”

建设实体化基础平安堡垒，整合社区警务室、综治工作站、微型消防站、公共法律服务站、心理服务站为五位一体居民综治中心，以实事项目助推技防、物防、人防、心防建设，实现基层基础“最实安全感”。一是众筹模式推进技防智能化。主动对接市区重大智能安防项目落地，创新推广小区智能安防众筹建设模式，全力打造以智慧公安、智能安防、家庭安防为重点的三道“智能防线”。二是一居一项目推进物防多元化。持续发挥一居一项目创建优势，重点加强针对性强的大门、防盗门、家门“三门升级项目”，普及推广防范效果好的滚地龙、防盗倒刺、铁栅栏、路灯、限位器等“小区篱笆项目”。三是平安小北志愿者联盟推进人防组织化。以平安小北志愿者联盟为平台，优选群防群治先锋队，实现志愿者队伍实体化、工作指引实战化、巡防守护常态化、激励保障制度化。四是心能量加油站推动心防普及化：以社区心能量加油站为载体，通过直通式热线电话、示范性基础网点，推进便捷化服务。以特殊人群关爱帮扶为重点，强化个性化菜单服务，推进专业化干预。

5. 五治融合、社会“最强凝聚力”

建设系统化的社区共治枢纽，通过政治引领、德治先导、自治基础、法治保障、智治支撑，加强目标责任统筹、平安先锋示范、四位一体自治、法律融入治理、AI 应用拓展等点面融合，实现社会协同“最强凝聚力”。一是政治引领。紧抓平安建设目标责任制，强化街道党工委办事处对平安年度工作统筹部署、责任落实统筹督办、难点瓶颈统筹协调、绩效评估统筹考核的“四大统筹”力度。二是德治先导。培育平安之星、见义勇为先进人物、关爱好朋友、消防大使、青少年形象大使等社区优秀人物，弘扬德润人心、共建和谐的感人事迹。三是自治基础。紧紧抓住四位一体这一小区综合治理的基础性自治平台，突出党建引领选对人、自治激活理民情、法治支撑办成事。四是法治保障。居委、窗口、街道公共法律服务站（室）和法律顾问制度全覆盖，将专业法律服务嵌入社区治理的重要环节，形成以社会治理为重点的法治保障机制，调处机制。五是智治支撑。以上海市首批“AI + 社区”试点为契机，打造“一个平台、两个小区、三条道路”AI 样板应用场景，推进社区服务集成化、社区治理人性化。

6. 六联共建、群众“最高满意度”

建设制度化长效共建机制，围绕平安法治目标导向，激发“社会治安联防、公共安全联治、平安社区联创、矛盾纠纷联调、关爱帮扶联动、法治社区联建”六联制度优势，实现居民群众“最高满意度”。一是社会治安联防。紧抓预防管控，创新“三个一小时行动”制度，法治宣传、安全巡逻、入户走访常态化。紧抓联动处置，创新警务、管理、自治三分流制度，治安问题一线衔接、闭环处置。二是公共安全联治。建立公共安全数据库，动态评估风险，落实分色分类监管措施。牵头建成公共安全执法联席会议机制，强化执法衔接，形成综合治理组合拳。三是平安社区联创。建立小区、学校、楼宇、地铁站等综合治理平台，全领域开展平安创建。依托客观业务数据，探索小区平安指数通报机制。四是矛盾纠纷联调。大力推进居民自治式、社会组织参与式信访代理等源头预防机制；依托三所联动、第三方调处机制，强化多元矛盾调处机制；持续落实领导包案、包块、包条三包机制，组团式化解疑难矛盾纠纷。五是关爱帮扶联动。建立未成年人司法保护中心，探索蒲公英阳光基地、萤火虫之家项目，预防犯罪关口前移；建立馨路特殊人群帮教中心，创新禁毒沙龙、好朋友等综合干预机制，持续提升帮教转化成效。六是法治社区联建。建立一居一律师法律服务机制，加强社区法治阵地、法治调处、法治文化建设。推进公益法律服务进楼宇、进企业，助推营商法治环境。建设“金和平”社会治理法治论坛，聚焦法治难点破解、亮点提升，凝聚社会智力资源，共建法治社区。

总的来看，北新泾街道综治中心通过数字化技术嵌入公共安全网络，以技术韧性助推基层安全韧性建设，取得了一定成效。一是数字化赋能社区安全，变事后处置为事前防范。公共安全突出事前发现、预警和保护。元丰花园小区率先探索众筹模式下的智能安防建设，获得公安部肯定。通过在社区安装 1900 套相关感知设备实现阈值告警监控，探索推进智慧车棚、智慧门磁等 8 类智慧安全应用。探索电力数据监测在高龄独居老人居家安全、消防“三合一”现象发现、群租隐患排查等方面的深度应用。二是数字化赋能“一网统管”，变被动响应为主动介入。依托“一网统管”平台应用，探索店招店牌变形智能感知、智能监控以及电梯运行状态监控等，对管理隐患实时预警、自动派单、督促处置、闭环管理。对四大类管理顽症问题实现自动巡屏派单处置。在数字化社区新阶段，我们将继续探索拓展老公房加梯系统，试点推进高空抛物 24 小时智能监测系统等，不断加强风险分析及应对。三是条线部门与属地街道互为支撑。区政法委引入社会组织为综治中心赋能、指导禁毒示范创建、体验馆市街互通互认，共同推进特殊人群一网统管试点等工作；区检察院指导综治中心建设特殊人群（未成年人）司法保护中心；区法院下沉家事法庭开展诉调对接。区公安分局支持公安综窗率先入驻北新泾社区事务受理中心，实现52项政务服务事项一门办理；推进“智慧调解平台”的“110非警务”警情对接分流机制，为节约警务资源、迅速化解矛盾奠定基础。

二、以智慧社区建设夯实基层技术韧性，推动安全韧性社区建设

1. 虹仙小区数字社区建设，为社区治理赋能增效

虹仙小区位于长宁区仙霞路700弄、750弄，小区建造于1991年，总户数2900户，实有人口数8600余人，是辖区内第二大自然小区，外来人员数量占小区人口总数的三分之一。虹仙小区紧贴中环线、背靠西郊宾馆。

作为全市首个自治共治智慧型小区，虹仙小区于2017年由区公安分局率先启动智能安防建设，先后建成11大类520个智能感知端，目前建成有大门微卡口摄像机8个、公共区域微卡口摄像机13个、智能门禁与门禁人脸识别设备101个、社区车辆卡口设备4个、非机动车车棚监控22个、智能地磁34个、周界报警电子围栏300米、道闸1个、烟感报警器64个、可燃气体报警器22个、独居老人电子按钮报警器10个、智能车棚充电桩6个、智能井盖10个、智能电弧2个、智能消防栓1个。街道自2017年起以虹仙小区为建设样板，努力打造超大城市老旧社区数字化建设标地，2020年起为全面迎接“一网统管”与“一网通办”的新试点，为进一步推进小区数字化建设转型，虹仙又打通公安和小区物业的所有监控数据链路，并全部接入街道“一网统管”平台，实现警务责任区、综治网格、城运网格多格合一、一网统管。同时，街道还在虹仙居民区进行“05020网格联勤联动工作站”试点，依托“一网统管”平台落实发现、立案、派遣、处

置、核查、结案的闭环管理，牵头推动跨区域、跨部门、跨层级问题的协同解决。

虹仙数字化社区建设中存在一些问题：一是设计理念和设施设备较为落后，时有故障。当时安装的设施设备较陈旧，甚至有些设备已被淘汰（人脸门禁摄像头识别效率低）。维保也即将结束，如何确保现有平台、设备继续正常使用，以及经费来源有待确定。二是感知端和应用模块缺乏设计开发。虽然当初建成的感知端类别众多，但在实际操作过程中，有些感知端（如智能井盖）在两年里几乎没有发生过警报，形同虚设。有些感知端（如地磁）因为没有后续跟进，在小区施工中已经损坏。缺乏适用当前形势下的应用模块开发（如消防设备智能巡检管理、重点人员及特殊人群实时跟踪管理等），在社区治理痛点、难点上发挥功效尚待挖掘。三是缺少统一的监控系统。现有三套独立的监控系统，互不统一，实时监控调阅数据极为不便。三套监控系统部署在不同局域网中，分属三家科技公司，调阅权限不统一。一旦要查看实时监控与回放，需去不同地点，找不同的单位调取。其中，只有特斯联的摄像机接入数字社区平台，调阅权限在居委会；彦奇、励沛摄像机均为道路监控，未接入平台，调阅权限在仙霞物业。四是缺少一体化应用平台。现有虹仙小区数字化管理平台位于小区门卫室，面积仅 40 平方米，仅能用小屏幕提供部分展示功能以及存放部分设施设备。缺乏数据可视化大屏，平台查看困难；门卫室空间狭小，难于操作；缺乏专业、固定处置队伍，队伍专业性、积极性不高。

针对当前社区治理数字化建设的现状和问题，虹仙小区由点上突破，带动辖区整体面上提升，形成特色示范点，不断提升仙霞居民整体安全感满意度。数字化社区建设充分运用新科技、新手段、新流程，做到全面感知、全程监管、精确处置，提升警务效能，规范社区管理。虹仙小区数字化社区建设主要围绕“三个结合”：一是传承与创新相结合，充分吸纳和传承原有社区警务工作机制，在实有人口管理、治安综合治理、加强群防群治等方面运用大量科技信息化元素的同时，继续加强发动民力，形成自治；二是标准化和个性化相结合，警务和非警务活动都和技术层面一样实现标准化，并且因小区具体特点而异，制定符合地区实际的流程和规范；三是智能化和简便化相结合，所有流程和应用的设计充分尊重一线居委、物业、民警及群众的体验，以便捷和可操作性强为前提，以提能增效为目标。

主动融入街道 15 分钟美好社区生活圈，在虹仙小区数字化社区初期建设基础上，运用新科技、新手段、新流程，推进小区治理数字化转型，打造虹仙数字化社区升级版建设。主要开展以下四方面建设：

一是加强数字化社区公共服务平台建设。将虹仙卫生服务站重新布局规划，结合街道综治分中心和多格合一平台建设，重新打造数字化社区治理一体化实战化平台（打通并关联存储设备、大屏建设、智能分析服务器设备），并将监控平台统一化，使原有相互独立的 3 套监控，统一建设在新平台中，做到三网合一。打通公安和小区物业监控数据链路，实现警务责任区、综治网格、城运网格多格合一。将雪亮工程、数字化社区、精品小区项目等基础工程建设，纳入街道“一网统管”平台，力争数据大整合、资源高共享、联动一体化。

二是明确功能定位和配套服务项目。赋予新平台公共法律服务功能、精神卫生与心理服务功能、消防安全与监管处置功能、信访与人民调解四大功能。打造法律心理服务站，使本小区居民 5 分钟步行范围、西南圈居民 10 分钟步行范围，就能享受到心理咨询服务和法律服务矛盾调处。打造数字微型消防站，实现消防设备标注和日常巡检信息化管理，火情通过平台及时通报响应等功能。打造信访接待室，注重化解矛盾，将矛盾消除在萌芽状态，使小事不出居民区。

三是加大试点拓展和应用场景建设。在一期建设基础上，升级整合原有感知端，进一步重构小区内外防护机制、提升居民日常生活通行体验。适应社区治理数字化转型的需要，开发接入新的场景应用，包括实有人口信息采集与人脸识别智能监控数据相结合的实有人口服务与管理——含特殊群体和重点人员、高空抛物监管、垃圾分类监控管理（待开发）、电梯阻车系统（待接入）、智能消防管控系统（待开发）、新能源车辆共享充电站管理系统（待开发）、电动自行车充电管理系统（待开发）等，实现对社区治理各类风险的自动识别、敏锐感知、及时预警、联动响应、高效处置。

四是探索市场化运营模式。吸引新兴的科技企业参与数字化社区的建设，探索政府少投入或不投入，服务收费的市场化运作模式。在积极引进各类智能化设备给居民提供便民服务的同时，建立优胜劣汰的退出机制，将难以为继、与居民需求不匹配的设施或者服务定期移除，实现数字化社区的服务与居民需求的动态调整。[1]

虹仙小区数字化社区建设取得了一定成效：首先，各项发案指数日趋向好。自 2018 年 7 月数字社区建设项目全面投入使用至今，虹仙小区治安情况持续向好，小区入民宅盗窃、盗三车案实现“零发案”，110 接警数大幅下降，从月均 50 多个下降至月均 6 个。其次，各类防范更加严密。实现各种数据信息横向纵向贯通，切实把市民群众最希望、社区治理最迫切的应用场景搭建好，打通社区服务的“最后一公里”。4 年的数字社区建设，构建了虹仙“技防、物防、人防、心防”等四防一体的立体动态防控体系。将高科技手段与精细化管理相结合，发挥了各项感知设备的作用，做好全面感知、全程监管、规范运作、精确处置，极大提升精细化管理服务效能。同时，通过感知设备端报警及大数据分析管理的工作流程，实现了小区非警情类前端分流，形成报警—派遣—处置—结案的工作闭环。最后，智治效果明显，为社区治理赋能增效。把智能化建设上升为智治，通过深化雪亮工程、数字化社区、精品小区项目等基础工程建设，纳入街道“一网统管”多格合一平台，将数据大整合、资源高共享、功能深应用。运用务实管用的应用场

[1] 全国智标委智慧居住区分技术委员会：《以城市数字化转型为契机，加快智慧社区建设》，《中国建设信息化》，2021 年 3 月 15 日。

景，实现对社区治理各类风险的自动识别、敏锐感知、及时预警、联动响应、高效处置。进一步优化社区分类治理，形成“物联、数联、智联”三联的社区精细化治理。

2. 莘庄工业区完善小区智能安防建设，打造平安建设新样板

莘庄工业区以全面压降社区各类“可防性”案件数量为切入点，遵循“规范标准、分类建设、居民自治、部门监管”的原则，因地制宜，规划建设各小区视频监控、微卡口、智能门禁等设施设备，并紧密结合园区“一网统管”平台中平安建设板块的“智慧管理”设计理念，通过增加智能化信息收集、数据分析、主动报警等功能模块，不断提高政府综治管理部门的预警研判能力、精确打击能力和动态管理能力，有效提高社区治安防控管理水平，促进居民群众安全感满意度的进一步提升。

从项目规划来看，根据区委政法委关于做好封闭小区智能门禁系统和加强社区智能安防建设的相关文件通知，工业区计划分三步走，自 2019 年至 2022 年，全面加强和完善社区（各居民住宅小区）物防技防设施建设，提升安防设施智能化水平，并逐步使园区社会管理，特别是小区治安管理工作的方法、模式实现从人工到智能再到智慧的转变。第一阶段（2019 年 1 月至 2019 年 12 月），实现小区视频监控系统的全面修复和更新；第二阶段（2020 年 1 月至 2021 年 12 月），实施小区门禁系统的全面升级改造，将之与视频监控系统进行有效整合，创新工作方法，提升社会管理的智能化服务水平，打造具有工业区特色的“一网统管”平安建设功能板块；第三阶段（2022 年 1 月至 2022 年 12 月），全面扩大智能安防建设覆盖面，实施商圈、产业园区等场景的拓展运用，深化推进莘庄工业区“智慧园区”建设。

2019—2020 年，工业区对所有配套商品房小区进行安防升级改造，加装智能门禁系统，拆除老旧失效的模拟制式视频监控系统，替以星光级监控设备（目前，工业区社区监控探头的完好率达到 99.8%）。其中绿久苑小区作为试点小区，实施了铁门更换工作，拆除所有老旧铁门，并在小区出入口增设人行闸机，以配合人脸识别门禁系统的改建安装；加密小区内部道路监控密度，对每个住宅楼出入口实现了监控覆盖；选用星光级高清探头，满足低照度环境监控成像质量，具有主动对焦人脸的抓拍功能，便于公安机关破案过程中的视频取证。2021 年，对该小区的三方对讲系统进行升级改造，从而全面发挥新建门禁等安防系统的功能使用。在绿久苑小区建设完成且功能相对完善的物防技防系统基础上，通过有效整合视频监控、出入口控制、人像比对等相关安防功能，应用或进一步添加人工智能、云计算等新技术，加大对小区信息的感知力和预警准确率。

在全面提升小区智能安防建设水平的同时，工业区还重点加强了相关硬件设施日常使用管理方面问题的调研整改，形成长效工作机制。制定出台《关于进一步规范和加强莘庄工业区居民住宅小区智能安防系统建设和管理的实施意见》这一规范性文件，对今后小区技防设施的建设主体、管理主体、建设标准、验收移交、维护保养等方面内容加以明确：一是建设标准。新建和改造更新安防设施所使用的产品、设备、材料和施工全过程应遵循国家和上海市的法律规定、现行强制性标准和行业主流技术标准。住宅小区资金不足，暂不能参照上海市地方标准建设的，须至少满足全覆盖、无死角的最低安防标准，并向公安机关备案。二是分类建设。新建商品房小区的智能安防系统建设，必须由房产开发商纳入开发建设的总体规划中，统一规划、统一设计、同步施工，经公安机关验收通过才能投入使用；已建成小区的智能安防系统建设，原则上在住宅公用设施设备维修基金中列支，经业主委员会同意后，参照闵行区居民住宅小区技防设施建设（改造）一般流程实施技防建设和改造；对园区配套商品房中维修基金存在实际困难的小区，小区业委会可向所属居委会提出申请，经工业区研究决定后，可纳入政府年度民生实事项目，由园区平安办实施智能安防系统建设改造，建成验收合格后移交小区业委会管理使用。三是居民自治。小区智能安防系统建成验收移交后归小区全体业主所有，由小区业委会委托物业公司管理使用。政府补贴或全额托底建设改造的小区智能安防项目，由园区平安办牵头组织居民区党组织、派出所、园区资产管理部门、房管部门、施工单位、业委会、物业公司进行验收，并及时将验收通过的智能安防系统向小区业委会（物业公司）进行移交。相关居委会还需理顺并进一步规范业委会、物业公司在小区智能安防系统建设、使用及维护保养等方面的职责任务及工作制度，指导业委会在质保期到期后及时签订维保协议，保证小区智能安防系统可靠运行，建立健全社区居民自治长效管理智能安防系统机制。四是部门监管。属地派出所和园区平安办作为居住小区智能安防系统管理使用的监督和考核职能部门，对辖区内的智能安防系统使用情况每月组织检查，并及时通报检查情况。小区智能安防系统使用管理工作将纳入工业区年度社区考核和物业绩效考核。适时推行小区智能安防系统维保工作“以奖代补”机制，对维保工作管理规范的小区物业进行适当奖励。对监控室工作人员通过视频监控，发现违法犯罪人员，要根据涉案价值、处理情况，分层次予以奖励。职能部门检查过程中如发现因维保管理工作不力致使小区智能安防系统损坏严重无法正常发挥安防作用的小区，在年度考核工作中将对相关居委、物业公司给予扣分，并追究相关责任人责任。

通过近几年的硬件设施综合改造和制度、模式等软件方面的规范完善，工业区社区（各居民住宅小区）的视频监控、车辆识别、人脸识别、智能门禁等技防建设水平得到全面提升，并保证了接近百分百的设施完好率。工业区将进一步提升园区技防网络的技术标准，扩大智能化改造覆盖面，进一步挖掘和发挥智能门禁（含人员信息录入）及监控系统的功用，丰富人像比对、数据分析功能在防范未登记人员尾随进出小区、特定人员行动轨迹查询、可疑人员主动发现预警，房屋租赁数据管理、社区重点人员敏感节点管控、关护对象安全提醒等方面的应用，完善情报会商、监测预警、协调联动、防范化解等社会管理和维稳工作机制，预留各类工作数据上传端口，将人、地、物、事、组织、工作资源、管理事项纳入“一网统管”平台，打造符合工业区自身实际的政法综治管理模式。下一步，工业区平安建设协调小组会加快项目调研，陆续试点推进社区治理资源智能化整合、重点区域智能巡防、小区（外来人员集中居住区）智能安全充电等一系列园区平安建设特色项目。

通过不断增强小区治安防范水平，工业区各类治安可防性案件发案数量得到有效压降，绿久苑试点小区连续三年实现入室盗窃“零发案”。去年全市公众安全感满意度问卷调查中，工业区排名跃升至全区第二位。今年以来，工业区治安形势继续保持向好趋势，各类可防性案件发案数同比去年同期降幅显著：截至目前，偷盗类警情接报数同比下降 31.1%，19 个居民小区保持入室盗窃“零发案”，占比 95%。辖区范围内营造出安全、有序、和谐、宜居、便捷的生活环境，居民群众的安全感、获得感、幸福感及满意度得到进一步提升。

3. 马桥镇平安社区智能化管理平台，提升社区治安环境

马桥镇跨社区平台暨马桥镇平安社区智能化管理平台是一款新型社区智能管理平台。社区管理软件依托于部署在各社区的高清摄像头及传感设备等 5638 台智能设备，通过人工智能分析采集的视频数据、传感数据，对社区可能存在的预警信息汇总显示。社区管理人员基于此平台提供的大数据分析，可以高效便捷地查看辖区内居民数据、各类违规事件汇总数及网格管理状态。

按照马桥镇“党委领导，中心抓总，部门主责”的统筹工作思路，成立了马桥镇城市运行管理中心，主要由镇城运中心、平安办、安监所、水务站、城管中队、市场所、派出所、社区办、房管办组成，统筹推进城市运行管理系统的资源集成和综合运用，夯实管理责任，全面加强社会治理工作，确保镇社会面安全有序。

镇城市运行管理中心主要成员单位集中在景城中心办公。各部门保持自转的同时，围绕城运中心公转。依托平安社区智能化管理平台，平安办对案件信息进行集中收集，对城市治理具体问题及时处置，对重点难点问题开展联勤联动，帮助居村解决共性难题，对疑难杂症进行会诊会商，形成信息沟通及时、队伍集合快速，协调配合顺畅的工作局面。

从智能化平台建设与运行情况来看，马桥镇平安社区智能化管理信息平台由上海凡米智能科技有限公司开发，包含异常人员出入、单元门未关闭、乱停车、电瓶车（液化气罐）进楼道等 45 个应用场景。目前该平台由城运中心落实专人对各类报警信息汇总梳理，对应各类报警信息制定了由居委或物业处置，并落实处置时限，第一次报警推送给基层处置人员，第二次报警（超过时限未处置）推送给网格专职副站长或物业经理，第三次报警推送给居委书记并由城运中心督查科约谈相应处置责任人。

人房信息管理系统则由北京盖特佳信息科技股份有限公司开发，包含全镇除旗忠村与茜昆居委之外的所有居村、两城办的房屋信息、人口信息、租赁情况等数据汇总。其中金星村、同心村、民主村有民房租赁考核系统，并与巡查员 PDA 绑定，目前人口信息准确率保持在 98% 左右。

从智能化平台工作机制来看，主要包括以下五项内容：

一是全面推进智能门禁建设。推动辖区内各小区将办理单元门禁卡写入小区自治公约，夯实社区智能化管理基础，充分发挥党建引领作用，推动各小区召开居民大会或居民代表大会通过自治公约，将小区智能化管理内容纳入公约，为落实门禁卡管理奠定基础。在每个门栋安装高清探头及智能门禁系统，实现对进出人员的精细化管理。

二是建立人房信息管理系统。以小区为单位对居民住宅全部进行测绘，并建立房屋管理信息系统。由居村综治工作站对房屋租赁开展日常管理，租户需携带房屋租赁合同到综治工作站登记备案，采集租赁人员信息。居委会同物业以门禁卡为抓手，通过以“房”管“人”，将人口登记工作变“被动”为“主动”。

三是抓“关门行动”。建设小区智能化管理平台会，对单元门禁未关的居民楼及时报警并作出工作提示。居委安排平安志愿者，配合物业保安根据工作提示查看探头，视情况及时处理。强化日常监督考核，由镇综治办每月组织对各居委关门情况进行检查，检查情况汇总后在综治信访工作双月例会上予以通报，督促居委切实落实工作措施。

四是加强智能化管理数据应用。加强社区智能化管理系统采集的后台数据比对和应用，在小区大门安装人像、车像识别系统，在每个单元门前安装球形摄像头及智能化门禁读卡器等，完善小区智能化感知设备建设。对于电瓶车上楼充电、擅自使用煤气钢瓶等有安全隐患的行为分别建模，通过系统自动识别、及时发现和处置。对于重点人员的异常情况进行自动报警，例如在深夜频繁进出门禁等相关数据汇总后交由专业部门上门核查，力争将安全隐患扼杀在萌芽状态。

五是加强常态运行维护。建立完善可靠的感知数据系统和设备运维保障工作机制，加强运维保障，防止出现因设备、网络、平台故障导致云数据不可用的问题。确保感知数据准确、实时、稳定。

智能化平台工作取得了以下成效：

一是社区治安总体情况趋好。2020 年，社区治安案件数量明显下降。偷盗类警情 100 件，同比下降 51%，其中入民宅类偷盗报警 10 件，同比下降 47.4%；入住宅类偷盗报警 7 件，同比下降 53.3%；入农宅类偷盗报警 3 件，同比下降 25%；扒窃拎包偷盗报警 4 件，同比下降 33.3%；盗三车报警 26 件，同比下降 42%。

二是城市管理效能明显提高。推动各类事件处置、风险应对更前端、更主动、更及时、更高效，真正做到“遇事有人管、有事能找到人、大事及时上报、小事及时处置”，前端工作针对性更强，工作效率提高，人口信息准确率明显提升。

三是应用场景拓展实效显现。在此次新冠肺炎疫情防控工作中，就充分运用了马桥镇平安社区智能化管理平台“人房对应”和“人脸识别”智能化门禁系统，并将该系统与“古藤马桥”官微疫情防控模块绑定，初步建立了“马桥镇公共卫生事件智能化管理系统”，做到精准防控、从严管控，优化服务保障。一方面将大数据广泛应用于重点人群锁定、活动轨迹追踪、人员信息采集，另一方面通过线上健康登记、体温上报、配菜订购、口罩预约程序，同步解决了居家隔离人员管理、生活保障服务、市民口罩预约、市民聚集等实际问题。整个疫情防控系统，全程无接触操作，数据实时更新，减轻了基层负担，以更严密的动态监控、更迅速的防控反应、更暖心的社区服务，织紧织密了新冠肺炎疫情“防控网”，切实提高了防控的精准度和有效性，有效有力地推进了防控工作，提升了干部群众对打赢防控阻击战的信心和决心。

四是智能管控推进成效显著。依托大数据体现“智治”。首先，通过建立社区智能化管理平台系统，对辖区范围内居民小区实现精准测绘，通过人像识别等智能化感知设备，进行人员信息的精准采集，真正把人、房、物实现了数据关联、精准管控，把管理的触角伸到了最前端；其次，平安社区智能化管理系统中的智慧社区管理预警平台运用智能感知手段，进行 24 小时全天候、无盲点的监控，将异常信息（单元门未关、电瓶车进楼道、高空抛物等）发送到智慧感知管理平台，利用信息化手段切实营造安全稳定和谐的社会环境，提升广大人民群众的安全感、满意度。

思凡礼品城在 2019 年度报警数达到 500 多件，偷盗类报警数为 45 件，经派出所核实属实 37 件。被列为闵行区十大治安最差小区第二名。通过建立社区智能化管理平台系统，提升人防水平、物防标准、技防要求。小区内实有人口登记率从 2019 年的 90% 提升到 2021 年 98% 以上，治安环境提升显著，居民安全感明显提高，成效显著。

截至目前，马桥镇已有 13 个社区安装了平安社区智能化管理平台。下一步将建立四季悦园、元吉、元祥的平安社区智能化管理平台。在小区的门岗和主要路口安装智能化监控和感知设备，通过人脸识别开启道闸进入小区，提高实有人口登记准确率和注销率，提升社区治安环境。

4. 智慧农村治理平台，激活农村公共安全治理网络

闵行区以试点推动农村社区治理场景应用，完善智慧村宅建设。探索运用现代信息技术手段，量化积分考评，加强“村规民约”执行刚性。以华漕诸翟村、赵家村、纪王村为试点，指导村“两委”梳理《村规民约》中涉及村民自治的内容，以此量化为 4 大项 25 小项约束性指标，通过对环境卫生、宅前屋后、出租房安全、车辆停放、河道保洁等进行日常监督管理，对日常作业形成的数据进行统计评分，通过积分与年终奖惩挂钩，引导村民自治自觉、自我管理。细分对象职能，依托党建引领、村民参与、多方支持的自治共治模式，面向村民、租户、网格巡查员、外口办工作人员、村民组长（责任块长）以及村干部，建立精准化管理机制。

从建设内容来看，平台的建设分为 PC 端后台管理系统、微信公众号，以及对门户、认证和基础服务等的应用支撑，根据日常汇集的数据形成基础库、村民库和租户库等数据以便向区里上报数据。其中后台管理系统面向村管理人员使用，主要的功能有：房屋信息、村民管理、租户管理、问题管理、网格巡查意见书、缴费车辆管理和会议管理等功能。微信公众号面向全体村民、外来租户和村干部使用，可在微信公众号上查看村规民约、村务公开、垃圾分类红黑榜和村概况等信息，以及问题上报、网格巡查、垃圾分类监督及会议通知等事务性功能。

此外，根据对日常作业形成的数据进行统计分析，以图表的形式在一张图上进行展示，以便更直观地了解村里的村民、租户、房屋租赁及问题反馈、垃圾监督等情况。

从平台运行模式来看，把线下的自治共治“一张网”和线上智能管理“一张网”相融合。建设面向村民、租户、网格巡查员、外口办工作人员、村民组长（责任块长）以及村干部的管理平台，同时，结合各村《村规民约》中涉及的村民自治内容，通过对环境卫生（生活垃圾）、村民宅基地、出租房安全、车辆等进行管理，从而引导村民共同参与，充分激发村民主动性和创造性，共同推动全村社会治理齐步走。

（1）本村村民：随时查看本户基本信息，第一时间向村民组长（责任块长）或村委会上报租户动态信息；户口迁移向村委会报备；反映问题，意见建议；协助外来人口办理居住证等。

（2）村民组长（责任块长）：随时查看本组各户家庭基本信息；每日登录平台，关注相关信息；及时上报无卫生设施出租房、雨污纳管不合规等问题；督促房东做好外来人员卫生费收缴工作等。接收村民反映的问题及意见建议，能自行解决立即解决；不能解决的及时向村干部反映，跟踪问题解决情况；确实不能解决的问题做好解释工作，原则上 3 天内给予当事人答复。完成村委会下派的临时性工作任务，加强日常巡查及组务管理。

（3）网格员：做好责任块区内日常巡查工作，参照大联动平台案件类别可进行问题的上报及处置，凡能自行解决的问题需立即解决并上报（上传整治前、后对比照）。

（4）村干部：查看平台信息，协助责任块长解决问题；无法解决的问题，主动与其他条线干部及“两委”班子共同商议，3 天时间内给予当事人答复。下派工作任务。

（5）信息员：及时修改动态信息，汇总相关数据；对村民反映的问题，按照有效、无效进行筛选，不清楚的与条线干部及分管领导做进一步沟通；汇总责任块长日登录平台情况、自行解决问题情况；汇总网格员采集问题数、有效问题数等。

智慧农村治理平台建设通过引导村民共同参与，强化村民主体意识，让村民从“局外人”转变为“决策人”“管理人”，共同推动全村社会治理齐步走。实现“五有”工作目标，即工作有痕迹、考核有依据、落实有时限、全程有检查、事后有成果，促线下到线上“一站式”综合治理服务。通过“以房管人”做实外来人口管理，建立动态监管、隔空取证、云端送达的线上管控机制，依托村宅网格管理，实现扁平化操作、高效快速处置，力量整合集中的“智慧农村治理”新模式，以技术韧性建设激活农村公共安全治理网络。

总的来看，闵行区主要通过“两网”合一，开拓农村社区智慧治理模式。一是接口对接，数据同源化。将街镇试点的智慧农村治理平台与闵行社区管理应用系统接口对接，实现区大数据中心人口库的同源应用，大大提升农村治理的精准性。二是协调资源整合，系统模块化，打造城乡智慧治理体系。将“农村智慧治理试点平台”纳入到社区管理系统，作为“社区管理应用系统”功能模块之一进行二次开发，实现城乡社区治理系统一体化融合，形成社区治理平台“一网统管”的架构。鉴于“阳光村务”信息化平台成熟的运营管理经验，微信公众号将与其整合资源，共用内网服务器，互通注册用户，作为城乡社区智慧治理体系中的重要组成部分。三是功能拓展，应用个性化。最终目标是农村智慧治理平台作为子模块不断锤炼完善个性化功能后在相关街镇推广，实现各行政村在社区管理应用系统都能使用该模块，共同推进闵行农村社区治理场景应用。

第六节　工程韧性建设成效

城市基础设施的灾害预防能力、灾害监测与预警能力、灾害抵御能力以及应急救援能力是安全韧性城市建设的硬件基础。上海市在各类应急基础设施建设、应急物资储备体系建设以及应急避险空间的布局方面进行了一定的实践探索，取得了一些初步成效。

一、盘活现有设施资源，建设工程韧性

近年来，闵行区公安分局立足区域实际、采取多样手段、持续净化治安环境，但从客观数据和防控布局来看，还存在一些问题：

一是警情自2016年出现拐点，但仍占全市较大比重。2016年全区警情总数73.3万起（报警类16.8万起），2017年64.1万起（报警类12.6万起），2018年56万起（报警类11.2万起），2019年48.9万起（报警类8.8万起），2021年1—9月32.3万起（报警类6.7万起）。警情总数、报警类自2016年起逐年下降，且降幅均超过10%，但绝对数仍有待进一步降低。

二是群众夜间安全需求强烈，此类警情成为降压重点。经统计，除去交通类警情，全区19时至23时，2016年警情9.3万起，2017年9万起，2018年7.9万起，2019年6.6万起，分别占全天的22%、23%、24%、25%，虽然绝对数逐年下降，但远超16%的时间比，且比重不断攀升。

三是警力配置沿用郊区标准，带来与警情、人口管理等需求的不匹配。分局编制警力3186人，占全市各分局总警力的7.8%，而警情占比则达全市的11.5%，人口占比11.2%。一方面，由于全市警力已近满编，闵行区警力难以大幅增长；另一方面，即使市局、各分局间警力梯次转移，短期内也不会将本区警力补充至理想状态。可以预见，警力与警情、人口管理需求的矛盾，将随着闵行城市化进程的更进一步加快而越发突出。

四是夜间至凌晨防控力量薄弱，出警和应急处置效率较低。由于警力的捉襟见肘，再加上长久以来沿用郊区的勤务制度设计，导致本区19时至次日凌晨6时，社会面尤其是街面防控力量薄弱，难以看到警灯、较少见到警力。马桥、浦江等城郊结合部地区街灯昏暗、安全感不强，虹桥、莘庄等城市化地区警情多发但应对迟缓。

推进以“安全屋”为基点的全民安防体系建设，是闵行区公安分局探索派出所“地区安防力量一体化”格局，打造社会协同治理新模式的一项创新举措。2019年，虹桥龙柏派出所测算后发现，辖区内有1000多家餐馆、酒吧，还有万象城、爱琴海两大商圈。城市化的快速发展以及夜间经济的迅猛增长，随之而来是夜间街面警情多发，民警应对不暇，还时常与醉酒群体纠缠，警力紧张。

针对这一情况，该所探索开展了城市“安全屋”建设，从挖掘民力入手，组织人员协同配合公安机关参与风险隐患的靠前处置，并力求先期分流部分可能出现的警情。通过梳理辖区人口、警情、场所业态分布等数据，运用 AI 算法首批选取了 6 个“安全屋”，基本覆盖责任区各个角落，且为警情相对多发的聚合点，群众 5 至 10 分钟即可步行抵达。

在此基础上，该所动员所属企业、培训值守人员、统一外观标识、配备必要装备。随后，该所在辖区全面铺开 31 个“安全屋”建设，达到地区每平方公里即有 3 个“安全屋”，平均步行 8 分钟即能达到。“安全屋”的出现，也辐射带动了万象城、爱琴海两大商圈报警类同比下降 65.4%，盗窃类下降 70.8%。2020 年起，分局在全区推广城市“安全屋”首批建设共 250 家。

从“安全屋”的建设来看，主要包括以下内容：坚持建设标准，统一功能布局。一是开展合理选址。分局开展“安全屋”选址时利用现有资源以方便群众为优先。具体选址方面，充分利用住宅小区门卫室、建制单位门卫室、各类园区和商区门卫室。目前，250 个“安全屋”已全部标注在分局“一标六实”警用地理地图上，作为民警、警辅人员巡逻签到点。二是明确建设要求。在空间要求上，建设“安全屋”所选的门卫室（岗亭）有一定空间区域收纳装备并能为救助群众提供临时庇护。在外部标识上，外立面统一安装“安全屋”字样的户外指引标识、户外灯箱、警闪灯、功能牌以及其他各类标识贴。在内部设施上，包括事件登记簿、“安全屋”工作流程图以及辖区“安全屋”分布图等设置。三是合理人员配置。“安全屋”实行 24 小时轮班值守制，原则上晚上至少 2 人值守，并按规定配置防刺手套、头盔、钢叉、盾牌等安保器材，以及强光手电、泛用急救箱等简单、实用装备。

固化运作机制，拓展功能定位。一是应急处置。派出所在确保夜间“安全屋”之间实现民警及辅助力量的串线巡逻以外，还要明确“安全屋”的应急处置功能，当群众遭遇不法侵害寻求避险，或周边范围发生突发案事件等情况，可在迅速赶赴现场的同时，协调“安全员”先期前往，或制止现行违法犯罪等。二是社会宣传。“安全屋”外墙醒目位置将设置统一电子屏，播放“安全屋”推介、平安闵行建设、治安防范宣传、“平安联盟”企业参与建设情况等内容。三是服务群众。“安全屋”内配备医药箱、充气泵等常用救助物品，提供各类政府部门投诉、举报、求助、一网通办等热线指引。通过积极发动企业或采取众筹等方式，将相关物品配备到位，定期检查和更换补充。

织密防控网络，守护日夜安全。分局指挥中心对地区警情开展分析研判，制定以“安全屋”为全覆盖，综合考虑派出所勤务安排，叠加机关警力至警情高发或治安重点区域的巡逻防控勤务总体方案。各派出所将“安全屋”作为巡逻必到点，分别制定民警、社保队员等力量在不同时段的勤务安排，织密防控“线”和“面”。

从“安全屋”的成效来看，主要包括以下三个方面：

一是合理调整点位，实现重点覆盖。以基本覆盖辖区重点部位为目标，充分发挥“安全屋”在全民安防体系建设中“互助互救”和“早发现、早处置”的作用。经统计，现有“安全屋”选址位于各类企业单位的101家，占40.4%；位于居民社区的84家，占33.6%；位于市场园区的35家，占14%；位于商业广场的30家，占12%。

二是充分整合民力，实现联动响应。为充分发挥“安全屋”在整合民力、组织发挥社区多元主体参与平安建设上的作用，分局开发应用程序实现规范化管理，打造以派出所为中心，遍布辖区的“安全屋”为触角的治安安防体系，实现多方信息的有效聚集及突发事件的及时联动响应。目前，各所共录入“安全员”707人，各类警务辅助力量1681人，截至2021年共上报各类信息线索456条，发布预警通报及各类防范宣传共55条。

三是鼓励自主创新，推动平安共治。梅陇派出所制定了《“安全屋”工作奖励评估办法》，指导“安全员”跨前一步化解交通、纠纷等各类警情，今年以来辖区内各“安全屋”共降压警情168起，梅陇所奖励“安全员”3234元；虹桥派出所落实专人每日对签到情况进行汇总通报、“安全员”上报信息的流转处置和反馈、定期编发警务信息等工作，并将“安全屋”建设运行纳入虹桥镇物业服务企业评价体系；新虹派出所辖区所有“安全屋”内安装“小米”互联网云监控设备，实现实时视频音频互动、视频巡查、实时指挥、先期处警等日常警务联动，依托科技减负增效。

“安全屋”为整合运用民力提供了一条创新之路，合理规划、悉心培育，建章立制、善加利用，能够为闵行的社会综合治理起到守点、巡线、控面的良好效果。有助于打造共建共治的凝聚点。“人民公安”是公安机关的鲜明特色，必须坚持以人民为中心，必须坚持专群结合、坚持“枫桥经验”，把党的群众路线贯彻好、发扬好，创新新时期动员组织群众的新机制、新办法。“安全屋”正契合了这一时代新要求。有助于提升规模效应，打造平安闵行的守护点。全区共有24小时值守的小区、机关企事业单位、学校、商圈、医院等门卫室，以及便利店、宾旅馆、加油气站等共计5100余家；合理选点、设置“安全屋”，作为公安形象的延伸，提升群众安全感、提高违法震慑度，尤其更能守护闵行的夜间经济发展，使地区群众出行更放心、消费更安心、游览更顺心。有助于坚持六个统一，打造居民群众的求助点。坚持统一外观标识、统一编号规则、统一装备配备、统一人员培训、统一图像监控、统一接入分局图像网，同时建立“安全屋”日常巡检制度，定期维护标识装备以及检视值守人员配置等。有助于搭建救助平台，打造全民安防的响应点。“自防自救”方面，值守人员有能力、有装备在第一时间予以响应各类紧急事件。“互帮互救”方面，当群众至“安全屋”求助、避险时，可以主动开展先期控制和干预，尽量将风险隐患化解在萌芽状态。“公助公救”方面，当群众遇到急、难、险案事件，值守人员及时联系派出所调度周边警力递进支援、专业处置。有助于延伸公安触角，打造多方信息的汇聚点。“安全屋”将成为多方信息的“线下”汇聚点。值守人员兼顾信息线索收集，属地派出所收集情况信息，并加强指导、传授工作方法，发现、发展积极分子。出口方面，将警民联系点、公民警校点、防范宣传点等与“安全屋”紧密融合，对扫黑除恶、防范电信诈骗等热点问题作出广泛宣传。

“安全屋”有效整合街面社区24小时安保力量，聚合民力，盘活现有公共安全治理资源，激活了城市公共安全神经末梢，编织了全方位、立体化的公共安全网，最大限度增强了人民群众安全感，是当前安全韧性城市建设的重要实践。

二、市域层面统筹应急基础设施建设，提高工程韧性

面对消防安全急、难、愁问题，徐汇区应急管理局、徐汇区消防救援支队通过开展社区消防设施改造、微型消防站建设等“微基建”项目（社区消防安全“微基建”），有效提升徐汇区消防安全管理水平，持续改善社区消防安全软硬件环境，提高城区火灾防御能级。主要实施了以下六项措施：

一是电动自行车集中充电场所（设施）建设。针对当前社区电动自行车集中充电场所和设施不足，入室充电、“飞线充电”等现象普遍且火灾多发、难以管理的问题，在有条件的居民小区参照有关技术标准设置电动自行车集中充电车棚，并设置简易喷淋、单点式火灾报警器等消防设施；在条件受限无法建设集中充电棚的小区采取政府推动、居民自愿、购买服务、市场运作等形式，在小区合适位置设置具备充电在线监控、自动灭火等功能的电动自行车换（充）电柜。

二是新型社区微型消防站建设。针对原社区微型消防站设置在居委，普遍存在全天候值守困难、实战效用不强等问题，推广枫林街道创新试点做法，按照“有人、有装、有训、有保”和“全覆盖、全天候、实战型”的要求，采取“一平”（社区微型消防站由设置在居委会向小区物业平移，解决24小时常态值守难题）、“二补”（1. 微型消防站队员参与处置小区内火警的，经核实后按实警每次每人100元、虚警每次每人30元给予出勤补贴，

根据区消防指挥中心调度参与处置小区外火警进行加倍补贴；2. 经平移后，社区型消防站"多点"装备器材仍不足的，按每个微型站不超过3000元标准给予补充的方式，实现社区微型消防站的合理设置和有效运作，并充分调动小区物业及社区微型消防站队员工作积极性，提高初起火情处置能力）。

三是高层居民建筑消防设施增设或修复。延续历年政府消防实事项目的做法，针对存在消防设施瘫痪、消防设施匮乏的高层居民建筑，通过修复或增设室内外消火栓、简易水喷淋、独立式火灾探测报警器、消防应急照明、疏散指示标志、灭火器等消防设施设备，更换老化电气线路等方式，不断补牢高层居民建筑消防短板，提升社区消防安全防御能级。

四是老旧小区敷设消防供水管道。通过扩大和推广2020年试点工作做法，针对部分老旧小区住户密集、火灾风险高且最不利点距市政消火栓远、消防车通行难等实际困难，在老旧小区敷设消防供水空管，确保一旦发生火灾，能够快速高效出水扑救。

五是社区应急消防巡回演练。延续2020年区政府实事项目的做法，在全区13个街道、镇开展应急消防巡回演练活动并延伸至居委，通过"应急逃生体验、初期灭火体验、浓烟逃生体验、垂降逃生体验、破障逃生体验、伤员急救体验"等活动，组织居民群众积极参与应急消防体验和演练，学习初期灭火、应急逃生等知识技能，切实增加宣传教育辐射面和参与度，提升消防宣传实效性。

六是增建一批市政消火栓。针对本区部分缺水区域市政消防水源存在缺漏和密度过低、保护半径过大的问题，补充增建一批市政消火栓，有效提升市政消火栓覆盖率和重点区域（路段）的供水能力，补齐消防安全基础建设短板，提升灭火救援效能。

社区消防安全"微基建"项目各项任务分工实施方案如下：一是延续近年来在小区综合治理中同步建设电动自行车集中停放充电场所的做法，由区房管局牵头组织各街道、镇排摸需求，并结合每年小区综合治理、政府实事项目等安排，确定小区集中停放充电场所建设计划，由各街道、镇分批完成建设任务。同时，由各街镇对条件受限无法建设集中充电场所的小区，根据实际情况确定设置换（充）电柜计划，每年按计划推进实施。二是由各街道、镇按照居民小区数量设置新型社区微型消防站点，分 3 年完成全区 982 个居民小区站点建设。对规模较大的小区，采取“一站多点”的方法，在小区公共部位设置多个室外消防装备器材取用点，提高快速响应能力。三是按照年度政府实事项目要求和实际需求情况，由各街道、镇组织居委、物业服务企业等排摸高层居民建设消防设施现状，每年确定进行消防设施改造的高层居民建筑，并列入市、区两级政府消防实事项目，由区职能部门牵头实施。四是由徐汇区应急局、徐汇区消防救援支队组织各街道、镇排摸规模较大、火灾发生率较高、消防基础设施薄弱、消防车通行困难，且最不利点居民楼与最近市政消火栓（小区门口）距离在 200 米以上的老旧小区，分批开展敷设消防供水空管工程。五是由徐汇区应急区防支队统一组织，街道、镇落实群众组织、活动场地保障等配合工作。由各街道、镇自行组织开展辖区巡回演练活动，以及各居委的演练活动，徐汇区应急局、徐汇区消防救援支队提供指导帮助及部分演练器材物资补贴。六是由徐汇区消防救援支队排查市政道路无市政消火栓、市政消火栓间距超过 120 米、保护半径超过 150 米和涉及老旧小区范围内最近市政消火栓距离小区门口 200 米以上的市政水源缺建情况，形成增建市政水源清单。由徐汇区建管委、徐汇区市政水务管理中心和城投水务现场核查增建可行性后，列入增建计划并组织实施。

通过开展社区消防设施改造、微型消防站建设等“微基建”项目，不断改善社区消防安全环境，提升人民群众安全感；同时，通过“微基建”的实施，进一步发动社区居民、物业企业等各方力量积极参与消防安全治理，更好地发挥人民群众的主体作用，共同提升社区消防安全软硬件水平，切实保障徐汇区消防安全形势的平稳可控，通过夯实工程韧性建设，提升市域安全韧性水平。

第七节　文化韧性建设成效

文化韧性是安全韧性城市建设的重要维度。上海市探索从民众安全知识宣传、安全意识与知识培养、避险自救能力培养等方面入手，丰富全民安全文化教育内容；整合线下线上资源，创新安全文化韧性建设载体，取得了一定的成效。

一、创新安全文化教育形式

近年来，闵行区持续举行平安指数系列发布会，直播地点从派出所转战“安全屋”，从街镇党建中心到上门劝阻的接警路，闵行区公安分局的民警们不仅带来了数据和故事，还成功“带”安全产品之“货”，不仅收获网民关注，更为平安闵行建设添彩。

一是设定以民意为导向的“晴雨系数”。闵行区深度利用公安内部数据与社会公共数据的交叉比对，公开向社会每半年一次通报地区“安全指数”。通过建立科学评估体系让各街镇政法领导、综治干部、居民群众掌握地区各种维度的安全系数，让数据“变量”成为治理“增量”，让数据安全成为群众感受安全。2017 年 7 月首次发布“最受小偷欢迎小区排行榜”，当年小区入室盗窃发案数量首次被纳入全区综合治理考核模块。通过综合治理，2019 年入室盗窃警情跌到历史最低位，“最受小偷欢迎小区排行榜”最终下线。2018 年上半年，区委政法委将“平安指数”纳入街镇工作考核。2018 年下半年，区委区政府将“平安指数”发布主体从公安分局提格至区层面。通过闵行区指数发布进一步加推社会协同治理体系的发展和成熟。

二是推出以协同为主轴的“安全产品”。2021 年“平安指数”首次发布分色分区域“安全月报”，居民群众可以在全区带有公安二维码的 19.4 万块门弄牌上扫码获得一份辖区的安全系数。月报指数以每月的警情为数据源，该指数高于全区平均分水平报告显示为绿色，低于平均分则显示为橙色，提示街镇引起关注，分析原因，及时采取措施。通过当月警情构成、案发状况、真实案例向居民提供地区治安状况解读，并且发布针对性防范建议，全面打造共建共治共享社会治理格局。2019 年上半年，平安指数发布了首个安全产品——虹桥镇“安全屋”，通过探索已有 24 小时专人值守的空间，增设硬件、人员培训，进一步提高了辖区安保力量、企事业单位保护地区安全的能力，截至 2020 年建成覆盖全区 250 个“安全屋”。各间“安全屋”已成为应急处突、群众避险和压降警情的基本作战单元，进一步增强治安防控的整体性、协同性、精准性。2018 年，通过展示全上海最大单体社区之一的康城，入室盗窃案在两年内降幅逾九成，顺势推出首个安全产品——上海康城智能安防模式。自此智能社区安防建设全面推广，全区入室盗窃警情自推广后呈现断崖式下降。五年里推出过的“方程式停车”“结构化反诈”“安全联盟”等安全产品也在迭代升级之中。

三是打造以提高群众感受度为目标的“品牌栏目”。通过五年 9 场发布平安指数，闵行区平安指数发布搭建了“信息互通、警民互动、安全互助”的传播平台，已发展成闵行区创新社会治理的品牌项目。《人民日报》《新华每日电讯》《解放日报》等主流媒体连续跟踪报道，学习强国学习平台、上海市委大调研公众号专门刊文介绍经验做法。2020 年至 2021 年，受疫情影响下召开的 2 次 7 场网络发布受到了中央政法委、市政法委和市公安局的全力支持，总浏览量突破 3000 万人次。2020 年获中国互联网发展基金、人民网评选出的“2020 年各地走好网上群众路线典型案例”中的优秀创意案例。

二、打造平安文化教育线下阵地

闵行区梅陇镇建立“城市平安客厅”，旨在提高预防各类风险的能力，聚焦居民生活中的难点痛点，探索老旧社区管理的创新工作模式，切实保障社会安定有序、城市安全运行、人民安居乐业。

梅陇“城市平安客厅”，是以提升市域治理防控化解能力，强化服务群众水平为目标的直接驻地社区。梅陇“城市平安客厅”建立之初，便在党建引领下，组建了一支多元化的队伍，此队伍由公安、城管、综治、信访、居委、物业、志愿者、律师、社工和路管会等多个小组成员组成。各小组成员制定工作方案，探讨疑难问题，明确各自分工职责，充分利用各自优势深入小区，切实做到群众反映的问题事事有人抓，时时有人管。具体来看，主要有以下五方面内容:

第一，梅陇“城市平安客厅”对各成员小组开展有针对性的专题培训，以培训促进防控，强化网格自治管理。以纠纷求助类高发警情、社会面维稳排查、特殊人群管控（包括禁毒、反邪教）为重点内容，以益梅“城市平安客厅”为基地，开展治保主任培训工作，增强整体队伍发现和正确应对各类风险的能力，提高队伍整体素质。首先，梅陇“城市平安客厅”自身是个得天独厚的宣传阵地，它地处虹梅南路益梅路交界口，在面朝交通主干道的一面安装有 LED 宣传彩屏，宣传彩屏上滚动播放着文明出行、生活安全小常识等宣传片。其宣传墙面以“新时代文明实践站”为主题，弘扬新时代精神文明、先进事迹，供市民参观学习。其次，梅陇“城市平安客厅”一楼是“平安课堂”，这里会邀请周边居民定期开展平安讲堂活动，活动内容包括电信诈骗的预防、生活垃圾分类、飞线充电动车、改变房屋使用性质的危害等，鼓励居民发现情况及时报告居委。

第二，梅陇“城市平安客厅”以固定的“平安课堂”为支点，“平安队伍”主动扩大非固定式的“平安课堂”，开展进企业、进农村、进社区、进市场、进学校、进家庭、进场所等“七进”宣传活动，为大家分析典型案例，普及相关法律，使广大人民群众树立守法意识。梅陇“城市平安客厅”结合“人文梅陇”微信公众号和梅陇镇官方微博等平台，扩大受众宣传面，让更多的市民遵法、学法、守法、用法。

第三，开展信息收集。一是开展社区综合治理。通过治保主任、志愿者及相关工作人员定期不定时收集掌握各小区“人防、物防、技防”等信息，推动基层社会治理，提高群众安全感、满意度。二是开展研判防控。发挥客厅内数字指挥平台，将“人防、技防、物防”基础信息和警情信息有机融合，开展治安和维稳隐患研判，落实防控措施。三是加强警情防控。梅陇派出所收集统计辖区内各居村、各小区发案情况、分色预警及案件信息，针对信息情况积极评估分析，信息公开及时跟进、处理。定期通报警情情况，会同相关居村委和职能部门研究降低相关警情的对策，并予以落实，有效降低相关地区的报警数量。

第四，开展服务管理。一是开展法律援助、咨询。司法所落实专职律师坐班和预约轮岗形式，接待对于婚姻家庭、继承、房产物业、劳动争议、合同、侵权、民间借贷等法律问题，为符合援助条件的居村民申请法律援助，为市民解答生活中遇到的各种困难，提供法律援助。二是开展信访接待。安排信访工作人员以及居委治保主任坐班和预约轮岗形式，接待来访人员，提供政策、法规咨询服务，对反映的问题综合分析，按照有关程序协同益梅“城市平安客厅”妥善办理，处理矛盾纠纷、不稳定因素，节省流转时间成本，第一时间联动处置，打造“家门口”信访服务体系，做到“小矛盾不出社区，大矛盾不出客厅”。三是强化特殊人群服务管理。通过社区民警、居村干部、平安助理、专职社工针对吸毒、重性精神患者、法轮功、稳控对象等人员通过每月走访，掌握信息动态，促进社会面平安稳定。并通过戒毒康复心理指导室安排专职心理咨询师预约轮岗形式针对特殊人群开展日常吸毒人员出所签约、专业心理咨询、分类评估，接待特殊人群及家属开展心理疏导、危机干预等工作。四是快速办理备案手续。依托“一网统管”平台，梅陇“城市平安客厅”还为前来开店铺的经营主体快速办理备案手续，让百姓少跑，让数据多跑。防台防汛期间，通过“一网统管”平台与处置网格数据比对，能快速筛查安全测评即将到期的店招店牌，通知经营主加固店招，及时检测，这相对于大量人力滚动排摸的工作来说数据会更加精准。五是开展议事决事。定期召开治保主任和居委干部议事会，针对百姓反映问题和社区排摸问题，通过自治或会同职能部门集思广益、积极策划，解决问题。

第五，开展应急处置。一是开展应急调解。梅陇派出所安排民警及时化解治安纠纷，解决化解一般治安矛盾纠纷问题，构建和谐平安家园。二是整合区域触角资源，将区域内派出所的“安全屋”(街面工作站）予以统筹管理，成为地区触角站点的集中枢纽场所，通过调配处置力量和人员，快速处置“安全屋”上报的突发事件，汇总“安全屋”收集的信息资源。同时设立报警窗口台，接受群众报警和求助，做到有警必接、有难必帮、有险必救、有求必应，促进社会稳定。三是设置指挥办公功能，在“城市平安客厅”管辖区域内发生的重大事件和活动时作为前线指挥部，发挥中心指挥场所作用。梅陇“城市平安客厅”积极推进立体化、信息化，构建公共安全网络，进一步优化“实时监控”选点布局。尽管占地不大，却能通过实时监控与网络数据共享等平台建设与梅陇镇大联动指挥中心、“智慧城管”等实现信号对接。通过安装智能探头、鹰眼卫士，增加了区域防控覆盖范围，提高了监控图像的辨识度，及时发现群租、违章搭建、垃圾废水偷倒偷排等违法现象，提升防控发现能力，逐步形成人机互动、部门联动、现场监控相结合的快速反应机制。

以规范住宅小区消防通道管理，畅通“生命通道”为例。梅陇二居通过“城市平安客厅”议事平台，依靠梅陇派出所、梅陇镇平安办、梅陇镇城管中队等多部门联动，对梅陇一村车辆占用、堵塞消防通道开展专项整治行动。在整治前，居委和社区民警做了大量宣传动员工作，使居民意识到问题的重要性，让居民积极参与并配合接下来的整治，为整治奠定群众基础。前期动员工作完成后，2021 年 4 月 2 日由梅陇派出所社区民警带队，联合治理小组对违规占用消防通道的车辆执行了贴罚单的处理，同时联系车主将车辆驶离消防通道，告知相关事宜，并安装隔离栏杆，有效杜绝车辆再次乱停放现象。此次联合行动，排摸查找到“僵尸车”13 辆，车主自行处理的有

12 辆，清理“僵尸车”1 辆，有效净化了小区道路交通环境，优化公共资源，将道路还于民，小区居民纷纷点赞“城市平安客厅”为群众排忧解难的举措，为社区平安建设打下坚实基础。

三、推动建立新媒体法治宣传新格局

闵行区司法局探索网络法治宣传教育工作，开创了闵行区新媒体普法新格局。具体来看，一是创建微信品牌“闵晓法”，打造让老百姓感受亲近的“互联网 + 法治宣传”体系，以“让老百姓通过网络获得更好的普法体验”为核心，在定位上，坚守“政务、法务、服务”三项原则，把“闵晓法”定义为“精确服务闵行居民，具有智慧普法功能，善用新媒体思维的社交媒体平台”。制定《闵行区新媒体法宣工作细则（试行）》，在政务上亲民，让群众了解司法行政；在法务上专业，坚定不移传递法治理念；在服务上惠民，努力提升群众获得感。在工作思路上，充分运用整合营销思维，把法治宣传比作产品，善用逆向思维，把握需求激发共鸣，形成“互联网 + 法治宣传”工作法，真正提升法宣温度、增强用户粘度。

二是有效整合社会资源，形成传递法治正能量的法宣共同体。“对每一次推送心怀期待，对每一篇文章精雕细琢”，这是“闵晓法”在内容创作上的自我追求。新媒体上的内容创作并不简单的只是写篇文章，需要更多的新技术和新思维。“闵晓法”现有一个独立运营的新媒体法宣工作室，汇集法律、传播、摄影、摄像、绘画、新媒体技术等多元社会力量，建立可持续的内容创编机制；一支新媒体法宣志愿者队伍，具有全国影响力的新媒体法治意见领袖，来自上海政法、交大凯原法学院的青年学子，来自“和普公益”的社区达人，志愿者们活跃在线上线下，形成有效的二次传播圈；一批社会化的法律撰稿人，来自律师事务所的专职律师，来自高校的法学专家，来自公检法司的资深法律人，提供了源源不断的新鲜素材。迄今，“闵晓法”自编自导自演 4 部法治微电影，推出 20 余期广受好评的《晓法公开课》，绘制 40 余篇普法微四格漫画，每天微博、微信双平台的推送，数百万的阅读量，每时每刻在传递着法治正能量。“闵晓法”在全国司法行政系统微信公众号影响力日益扩大。

三是不断扩展“互联网 + 法治宣传”的范围，实现功能的整合和效果的叠加如果通过微信平台普法是一个点，那么“互联网 + 法治宣传”体系便是一张线上线下、力量整合、功能完善的大网。一是连接线上线下的普法网。法治文艺《孝在何方》线上抢票，《生活与法》普法专栏线上投稿，“法治护航她人生”演讲佳作线上传递，娘舅达人赛最佳选手线上投票，一系列活动因为网络而上下相连，因整合传播而影响更大。二是功能完善的菜单网。“约课、约摊”服务的开通，把有限的法宣资源用到了刀刃上，晓法公开课菜单点选，法宣摊点网上预约，真正因需而教。三是以案释法的综合网。法院、检察院、城管执法局等纷纷依托“闵晓法”开展宣传，区委政法委也依托“闵晓法”进行权威辟谣，引导法治舆论，打造舆论引导和以案释法的主阵地。

四是落地群众需求，打造“智慧普法”公共法律服务体系。“有法律问题，用微信问吧”，在闵行，这句承诺已经走进百姓的心里。在遍布闵行区的 352 个车站广告中，在 600 多个村居委的宣传栏里，在 32000 多个楼道里，在社区综合服务中心、社区文化中心的窗口边，张贴有“免费法律咨询即时答”，提供 7×24 小时的在线法律解答，工作时段 5 分钟必回，非工作时段 4 小时必回。微信在线法律解答服务由 2 名专职法宣工作者和 2 名律师顾问组建而成的客服团队，日均解答网友咨询 200 多人次。

随着新媒体技术的不断革新，群众的需求也发生了新的变化，针对群众对线上公共法律服务提出“快、专业、属地化”这三点需求，闵行区启动“智慧普法”首期项目。项目主要包含三大功能：一是打造了“晓法 AI 法律服务机器人”，建立万问万答库，涵盖基本常用的家庭婚姻、劳动就业、房地物业等民生类法律问题，依托大数据和智能比对系统，对居民提问实现精准秒答；二是组建“晓法专职律师团队”，通过政府购买服务的形式，由闵行区一家律师事务所承接，每天有 2 名专职律师在线为群众实时解答法律问题，实现工作日工作时段 5 分钟回，非工作日 4 小时内回复，“有法律问题，用微信问吧”的口号已经传遍接头巷尾；三是构筑闵行法律服务渠道指引网络，依托新媒体新技术，打造线上公共法律服务地图，实现区—街镇—村居三级法律服务资源全覆盖、全公开，居民可以通过点击地图查阅或者直接输入属地（村居）名字关键词即可实现查询并一键拨通法律顾问。“智慧普法”项目正式运行以来，已经服务闵行居民 27394 人次，其中 AI 晓法机器人解答咨询 8456 人次，专职律师线上解答 18938 人次，实现精准服务闵行居民，随时为居民提供最快捷标准的法律服务，做到法律渠道秒查，法律问题秒答，让群众真正有获得感。此外，金牌调解私人订制、法律援助在线预审也纳入平台之中，遇矛盾纠纷需调解，市民可以过微信预约心仪的调解员；申请法律援助也可先在线完成预约，再到法援中心办理。

闵行区司法局不断优化“智慧普法”项目的功能和内涵，完善 AI 问答系统的质量，提升在线咨询的反馈效率，逐步拓展和实现法宣活动全流程上网，探索搭建“晓法讲座在线约课，法治文艺在线报名，金牌调解在线预约”等民生项目，使得群众需求真正落地，让广大闵行区居民在每一次公共法律服务过程中感受法治的温度。

总的来看，上海正在探索构建涵盖“政府—社区—单位—家庭—个人”的城市安全文化多级网络，着力提升全民安全素质，形成全社会对公共安全的关注力和参与度，不断厚植城市安全文化韧性。

第四章

上海安全韧性城市建设存在的问题

上海安全韧性城市建设从制度韧性、组织韧性、社会韧性、技术韧性、工程韧性、文化韧性等维度着手，在市、市域、社区等各个层级均有许多实践探索，积累了丰富的经验，也取得了一定的成效，但仍存在一些问题。安全韧性城市整体建设框架仍不明晰，在制度、组织、社会、技术、工程、文化韧性建设方面仍存在一些盲区：城市总体战略规划中仍缺乏长效化的公共安全韧性考量；城市公共安全管理体制中还未能形成严密有效的安全防控责任体系及完善的综合协调机制；城市安全管理重政府指导轻社会参与；各部门、组织安全监测数据相对分散，信息孤岛依然存在；城市基础设施冗余度不够，应急避难场所缺乏统筹规划；公共安全知识普及率低，民众安全防范意识相对薄弱。

第一节　制度韧性盲点

从制度韧性维度来看，上海城市总体战略规划中仍缺乏长效化的公共安全韧性考量。一是前瞻性政策投入不够。基于城市安全风险的总体分析仍不充足，未能充分整合公共安全历史事件分析、数据分析以及现状分析，缺乏基于安全风险总体分析基础上形成的精准翔实的行动指南。二是现有公共安全政策和规划重短期应急，轻长效预防。目前各类公共安全问题暴露后基本能采取有效的短期应急措施，但缺乏应对各类安全隐患的长效预防方案，尤其是对一些重要但不紧急的安全问题重视程度不够，应对预案不充分。三是制度学习力、政策执行的适应能力不足。如何在公共安全事件中学习经验，及时调整政策结构和功能，提升政策执行的适应性能力，形成持续性的政策学习能力等制度学习力及可持续发展能力建设，路径尚不明晰。四是安全韧性城市建设的顶层设计与基层实践之间的关系尚未理顺。在安全韧性城市建设框架中，市域是一个重要的承上启下的层级，如何基于市域的系统统筹来动员基层的参与，并及时吸纳基层的创新，目前尚未有明晰的制度设计。基层典型经验探索与市域顶层设计之间没有形成及时有效的沟通、转化机制，导致基层安全韧性城市实践探索仅停留于盆景式经验，难以进一步影响顶层设计，产生结构性变革。

第二节　组织韧性盲点

从组织韧性维度来看，城市公共安全管理体制中还未能形成严密有效的安全防控责任体系及完善的综合协调机制。一是安全韧性建设的主体责任不明晰。尚未解决“由谁牵头”的问题，即安全韧性城市建设的总体协调规划部门以及首席负责官员还不明确，由此带来安全韧性建设框架及总体方案的不明确，进而影响各项规划政策的实施和落实。二是安全韧性城市建设的政府指挥体系不顺畅。以应急管理为例，由于应急管理局刚成立不久，应急管理体制机制仍不顺、部门职责不明、边界不清、指挥体系不畅等问题还不同程度存在。调研发现，上海市应急指挥体系架构有一定的特殊性，目前存在总值班室、市应急指挥中心、城运中心多个平台，多头调度指挥的情况不符合指挥工作集约化、扁平化的要求以及职权法定的要求。在市级层面，市总值班室在市城运中心，市应急管理局也有一个市应急指挥中心，公安还设有应急联动指挥中心；在市域层面，也存在相同的问题，多头指挥造成了资源的浪费，系统的重建。三是安全韧性城市建设主体部门之间存在职责重叠、交叉不清。尚未解决“谁来做什么，怎么合作”的问题。安全韧性城市建设是各自单兵作战还是联合行动？是单向度推进还是多维度嵌入到城市治理的各个方面，形成多元协同的城市大安全治理格局？针对这些问题，基层虽然已有一定实践探索，但从总体上看，目前尚未形成较为成熟的方案。以市域层面的安全韧性建设为例，公共安全治理涉及区域内多个层级的权责，目前尚未形成完善的以“市域”为主体的政策文件，缺乏系统性、战略性的市域社会治理政策。

一方面，由于社会治理的责任散落在多个不同的职能部门，各部门之间缺乏有效的工作协调，导致各类委员会和领导小组重复设置，组织、人员、事务交叉不清，难以发挥整体性效能。部门间数据壁垒影响工作效率。另一方面，由于各个专业职能部门权责交叉且习惯于将责任下沉，导致基层属地责任压力大，条块关系紧张。如，在智慧安全社区建设过程中，多个条线部门建立多个应用平台，部门各自考核，平台应用功能重复叠加，给基层带来许多负担。社区层面（街、镇）的城运中心工作机制不顺，条块矛盾集聚。调研发现，街镇城运中心基本上是自己发现问题自己处置的工作机制，由于社区层面处置能力、协调能力有限，加上条块矛盾集聚，导致很多街镇层面的城运中心迫不得已采取选择性发现问题的工作方式。此外，针对网格内条线人员的工作并无相应激励机制、考核监督机制，导致条块协调效率低下。

第三节　社会韧性盲点

从社会韧性的维度来看，上海城市安全管理存在重政府指导轻社会参与的问题。基层社区是公共安全治理重心下沉的落脚点，是发现问题、消除隐患最有效环节，承托整个公共安全的基石。目前，上海社区社会韧性建设作为城市安全韧性建设的基层基础工作仍较为薄弱。一是基层安全风险防控管理缺乏专业技术支撑。社区安全风险防控工作与一般的社区服务不同，需要依靠专业技术方法才能完成，具有较强的专业性。而一些社区基层工作人员没有相应专业知识且没有接受过安全风险防控的专业培训，难以自行开展需要专业应急知识的一些基础性工作，比如基层社区日常安全检查工作，由于缺乏专业的检查人员和设备，导致安全隐患排查工作在一定程度上存在低水平重复的问题。二是基层综合性应急管理队伍建设较为薄弱。国务院对基层应急救援队伍建设的功能定位是“由民兵、预备役人员、保安员、基层警务人员、医务人员等有相关救援专业知识和经验人员组成”，能够“在防范和应对等方面发挥就近优势，在相关应急指挥机构组织下开展先期处置，组织群众自救互救，参与抢险救灾、人员转移安置、维护社会秩序，配合专业应急救援队伍做好各项保障，协助有关方面做好善后处置、物资发放等工作”。[1] 调研发现，上海基层社区现有的应急救援队伍主要是依托相关职能部门，如公安、消防部队建立的专业救援抢险队伍，缺乏专职和社会化应急救援队伍。此外，由居民代表组成的平安志愿者和消防志愿者队伍存在人员老化、缺乏系统培训等问题。社区应急救援志愿者队伍虽然数量繁多，但缺乏完善的管理体制和运作机制，导致基层综合应急救援能力和水平较低，关键时刻难以发挥基层应急救援的作用。三是多元主体参与基层安全风险防控的长效机制尚未建立。当前社区公共安全治理主要依赖政府以及社区工作者推动，基层民众、社会力量参与动力不足，参与路径不明晰。

第四节　技术韧性盲点

从技术韧性维度来看，安全监测数据相对分散，信息孤岛依然存在。一是部门间信息壁垒导致数据多口采集、重复采集，浪费资源。城市技术韧性即云计算、大数据和“互联网 + ”等技术在城市管理、政府治理和防灾减

[1]《国务院办公厅关于加强基层应急队伍建设的意见》，《中华人民共和国国务院公报》2009 年 10 月 30 日。

灾等方面发挥的效用，以及城市在防灾信息集成、应急管理互联互通等工作上的智能处理水平。[1] 随着云计算、大数据和“互联网 +”等技术嵌入公共安全管理的各级部门、组织的步伐加快，各个部门和组织在技术韧性建设规划和实施过程中，各自行动。由于不同的互联网技术厂商有各自不同的流程、技术、安全标准，导致不同部门间的数据缺乏统一的关联规范，限制了数据的互联互通以及共享交换。由于各部门的预警信息系统缺乏交流、共享，突发事件发生时，易成为应急预警监测系统的信息孤岛，影响数据的实时性、一致性。不仅导致信息系统中相关数据的价值无法被充分利用起来，在一定程度上，甚至会造成不同业务系统在信息采集时发生多口采集与重复采集，进而造成资源的浪费。没有数据的相互支撑，预警监控显然也会成为空架子，也会成为突发事件发生时跨部门、跨单位协调协作时的主要障碍。[2] 二是“一网统管”的大量数据尚未充分发挥聚合效应。“一网通办”和“一网统管”在市级层面是由办公厅牵头，而到了区里，有的是应急管理局，有的是城运中心进行数据管理，如何更高效地促进多方协同，使“一网统管”的大量数据能更好地发挥聚合效应，仍需持续探索。三是城市安全技术监控人员专业素质不足。当前一些城市安全技术监控人员虽具有应急处置上的优势，但缺乏相应的专业学科背景以及数据分析能力，难以胜任分析数据、研判趋势、制定方案和协调资源等复杂工作。

第五节　工程韧性盲点

上海城市运行风险载体量大面广。现有老旧小区 3500 余个，24 米以上

[1] 肖文涛、王鹭:《韧性视角下现代城市整体性风险防控问题研究》,《中国行政管理》2020 年第 2 期。

[2] 韩新、丛北华:《超大城市公共安全风险防控的主要挑战——以上海市为例》,《上海城市管理》2019 年第 4 期。

的高层建筑超过6万幢，100米以上超高层建筑超过1000幢，3万平方米以上的城市综合体306个。从工程韧性维度来看，上海城市基础设施存在冗余度不够，应急避难场所缺乏统筹规划等问题。

一是基础设施冗余规划欠缺。城市规划中未能充分考虑基础设施的冗余量，部分城市防灾减灾基础设施被迫超龄服役，老建筑、老设备、人口密集的老旧小区均存在较大风险隐患，是工程韧性脆弱区域。大量长期高负荷使用的城市建筑设施正陆续进入风险易发高发期，客观上形成安全风险累积。如：一些老旧小区的老旧电梯，因工程老旧、质量堪忧而成为"定时炸弹"，迫切需要考虑维修养护甚至改造更换等。

二是城市基础设施适应性不足。现有基础设施的安全效能发挥不足。如街面上设置的治安岗亭，有的岗亭被弃用，也有的岗亭缺少维护，影响城市的整洁和美化。

三是城市应急避难场所规划布局存在问题。截至2021年，上海已建成117个应急避难场所，其中，市级人防疏散基地1个、区级8个。但应急避难场所的布局与实际避难需求仍不匹配。其一，应急避难场所布局未能充分考虑灾损评估。老旧社区与新居民小区人口规模可能差不多，但老旧社区的灾后受损会更严重，避难需求会更大。现有防灾规划通常是依据服务半径来布局应急避难场所，并没有充分考虑灾损评估。其二，"借用"其他功能的应急避难场所存在安全隐患。上海的避难场所分为两类，一种是场地型避难场所，用地类型为公园、广场、公共绿地、体育场、学校操场等室外开阔场地的避难场所；另一种是场所型避难场所，用地类型为具有一定规模、安全的学校室内场所、体育馆、影剧院、宾馆饭店、救助站、度假村等坚固室内建筑的避难场所。大量应急避难场所都是"借用"其他功能的场地应急避难场所，内部布局、设施配套等未能完全满足应急防灾要求，有些应急避难场所自身存在安全隐患。其三，民众对应急避难场所缺乏了解以及应急演练。居民没有基本的自救和互救常识，不了解身边的应急避难场的位置、功能及具体使用方法等基本应急避难知识。

第六节　文化韧性盲点

从文化韧性维度来看，公共安全知识普及率低，民众安全防范意识较薄弱。一是社会公众缺乏基本风险防范意识、知识以及应急避险常识，自救互救的能力差。如公共安全事件紧急情况下的看热闹心态，推搡及恐慌等，极易引发次生灾害。二是对社会公众的防灾减灾知识普及和安全知识基本教育投入不够。未形成针对社会各类人群的防灾减灾宣传普及，尤其是缺乏针对青少年和儿童的应急培训与教育。三是对社会公众预防潜在风险的技能教育投入不够。民众应灾能力不足，又缺乏各级各类安全应急救援与疏散演练，导致在公共安全风险来临时缺乏基本的应对风险的行动能力。如：不能识别预警信息、不熟悉疏散路线、无法区分危险区域与安全区域，甚至产生集体恐慌和混乱。当危机来临时，社会公众的自救互救能力差。四是未能在全社会形成民众、政府及其他社会组织高效协同的公共安全文化。

第五章

进一步推进上海安全韧性城市建设的对策建议

总体而言，上海的安全韧性城市建设尚处于起步阶段，存在较大的探索空间。我们需要在充分反思各类传统和非传统安全风险的基础上识别超大城市公共安全治理短板，借鉴国际经验，结合国情市情，进一步推动安全韧性城市建设落实、落细。

从上海安全韧性城市建设的总体思路来看，第一，要在层级维度上构建“宏观搭台—中观统筹—微观落地”的分层应对方略。自上而下、由大而小地对城市风险进行层层分解，打破风险的连锁性、衍生性和叠加性，形成上下联动、统一指挥、综合协调的合力，增强城市的分层治理韧性。[1]具体来看，建议将“安全韧性”嵌入城市公共安全治理的各个层级。在市级层面、市域层面（区）、社区层面（街镇）以自上而下和自下而上相贯通的方式构建全方位、立体化的安全韧性城市基本框架。宏观上在市级层面构建韧性城市规划和建设的顶层框架，强化顶层设计，形成符合上海市情的韧性城市建设方案，并通过出台相应法律法规在制度上予以保障。中观上发挥市域层面（区）在制度建设、方法运用、资源统筹、技术支撑等方面的优势，完善协同治理机制，构建全民参与，多元协同的共建共治共享的城市大安全治理格局。微观上从基层组织机制、队伍力量、物资设施等方面增强社区安全韧性，夯实安全韧性城市建设的基层基础。

[1] 肖文涛、王鹭：《韧性视角下现代城市整体性风险防控问题研究》，《中国行政管理》2020 年第 2 期。

第二，将“韧性”全方位、多维度植入城市安全风险防控、安全运行及安全应急等城市风险治理和安全体系建设的各层次各领域。具体来看，通过强化顶层设计、完善法制法规标准、夯实党对安全工作的集中统一领导来建设制度韧性；通过完善组织体系、人才培养体系，优化统筹协调机制、人员动员机制等来建设组织韧性；通过动员群众、社会组织、企业等社会基础性力量参与城市公共安全治理来建设社会韧性；通过强化技术层面的智慧性和数据互联共享来建设技术韧性；通过提高城市基础设施的冗余度和适应性来建设工程韧性；通过提高全民安全防范意识，在全社会形成高效协同的公共安全文化，建设文化韧性。引导安全韧性城市建设从单一到整合，从短期到长期、从响应到适应、从静态到动态、从刚性到柔性的转向，提高城市在面对公共安全风险时的免疫能力、自愈能力、恢复能力及灾后补短板的转型力，进而提高城市安全韧性水平。我们从制度韧性、组织韧性、社会韧性、技术韧性、工程韧性和文化韧性六个维度对上海进一步推进安全韧性城市建设提出建议。

第一节　制度韧性维度：强化制度供给

从制度韧性维度来看，需要强化制度供给，制定各个阶段的安全韧性城市建设目标。加快制定基于韧性性能的顶层设计，政策规划的标准规范，并督促实施、落地。具体来看：

一是增加前瞻性政策投入。基于公共安全历史事件分析、数据分析以及现状分析，从公共政策、行动计划、推进措施等层面提出具体的应对策略和行动方案，提高政策规划的科学性和精准性。

二是制定主动的风险调控预案。城市公共安全风险治理除了短期“止痛”，更应重视长期“治痛”，在被动的应急响应的基础上逐步完善主动风险调控方案。

三是提升制度适应性和学习能力。公共安全相关政策规划要兼顾稳定性与灵活性，在公共危机事件灾害中学习经验，及时调整政策结构和功能，提升政策执行的适应性能力，形成持续性的政策学习能力。

四是健全市域层面安全韧性城市建设的统筹协调机制。立足市域各自特色，以系统性、前瞻性、科学性思维进行市域层面顶层设计，完善市域公共安全治理的统筹协调体制。建立权责明晰、上下贯通、灵活高效的三级纵向治理架构，在市级统一部署下，形成市域统筹协调、街镇及职能部门组织实施、社区/村具体实践的安全韧性城市建设链条。打通各级治理主体间制度化的沟通、链接渠道。一方面，通过政策上的指引和传递、资源上的整合与配置、治理上的制度化和体系化来对基层社区实践施加影响，指引安全韧性社区建设的方向。另一方面，不断从顶层设计的角度对基层治理的新问题予以回应，及时、高效吸纳基层的实践样本，以此修正市域政策指向、开发统筹市域资源、完善市域安全韧性城市建设的制度设计，进而推动顶层设计与基层探索的良性互动。

第二节　组织韧性维度：健全责任体系　完善综合协调机制

从组织韧性维度来看，需要进一步形成严密有效的安全防控责任体系及完善的综合协调机制。实现公共安全治理主体由单兵作战到联合行动，由单向度推进到模块化综合治理，形成多元协同的城市大安全治理格局。具体来看：

一是在市级层面设立总体协调部门和首席负责官员。在城市现有的公共安全管理体制的基础上，统筹设立多部门协同的韧性城市建设总体协调部门和首席负责官员，设计韧性城市总体方案，监督、评估和落实各项规划政策的落实。[1]

[1] 陶希东：超大城市率先建设“安全韧性城市”的路径与策略，载光明网 https://m.gmw.cn/baijia/2021-05/13/34842124.html，2021 年 5 月 13 日。

二是理顺安全韧性城市建设的政府指挥体系。进一步明确各部门分工、落实权责、量化考核标准等确保各部门履职到位，权责明晰；建立有效的工作沟通、信息共享交流机制，整合资源以避免出现重复建设的问题；从顶层设计的层面提高指挥体系的整体性、系统性、协同性，建立集约型政府指挥体系。

三是在市域层面，构建明晰的安全韧性建设权责体系，强化多部门高效统筹协同机制。首先是构建制度的整合体系，统筹市域社会治理政策，在市域层面建立相应的领导体制机制；其次是构建机构的整合体系，明确市域社会治理的“条线权责”，理顺“条块关系”；再次是以居民生活实际需求，市域公共安全问题焦点构建分类化、差异化的市域社会安全韧性建设体系和实践框架。

第三节　社会韧性维度：健全全民参与与多元主体协同的长效机制

从社会韧性维度来看，需要建立健全多元主体参与基层安全风险防控的长效机制。构建全民参与、多元协同的共建共治共享的城市人安全治理格局，筑牢防灾减灾救灾人民防线。

一是强化社区安全风险防控管理的专业技术支撑。建立面向社区安全风险防控管理人员的教育培训体系。整合党校、高校等智库资源，邀请专业领域专家学者开发有针对性的培训课程体系，编写标准化培训教材，开发社区风险评估模型、预案编制模板以及应急演练系统等。[1]

二是建立综合性的、专长兼备的全民参与的基层应急救援队伍。依据国务院第59号文对基层应急救援队伍建设的功能定位，组建由辖区内民兵、预备役人员、保安员、基层警务人员、医务人员等有相关救援专业知识和经

[1] 滕五晓：《加强基层应急管理能力建设　积极推进国家应急管理体系和能力现代化》，《中国减灾》2020年5月。

验人员组成综合应急救援队伍，作为社区应急救援的第一道防线。针对先期处置、疏散转移、医疗急救、自救互救、配合专业救援人员等应急救援相关专业知识内容进行培训和实操演练。组建由社区内企事业单位代表、居民区楼组长、居民代表等社区骨干人员组成的基层应急志愿者队伍，发挥社区骨干专长，协助开展社区日常风险隐患排查、安全知识宣传等基础性工作。[1]

三是鼓励和支持专业社会组织参与城市安全风险治理与应急服务。建立健全社会组织、慈善团体、志愿者等社会力量高效参与社区安全风险防控的政策和机制。[2]推动专业社会组织参与社区风险隐患排查、预案编制、应急演练、宣传教育等基础性公共安全管理工作在基层的有效落实。如帮助公众增强避灾、救灾意识，并通过实景展示和培训，把安全意识转化为日常生活中的安全习惯和能力。

四是盘活民间资本，引入安全风险保险机制。改变城市安全管理长期以来存在的重政府指导轻社会参与，政府“兜底”压力大的问题。进一步强化市场机制，探索韧性城市建设中政府与市场的合作治理的常态、长效格局。如：依据公共安全风险发生频率、类型、致灾范围，探索引入商业保险，梳理保险清单。引导更多的“人、技、财、物”投入到公共安全风险治理体系与能力现代化建设中。[3]

第四节　技术韧性维度：推动数据共享与智慧应用

从技术韧性维度来看，要推动数据归集共享与高效利用，要强化多源数

[1]《国务院办公厅关于加强基层应急队伍建设的意见》，《中华人民共和国国务院公报》2009 年 10 月 30 日。

[2] 陶希东：超大城市率先建设“安全韧性城市”的路径与策略，载光明网 https://m.gmw.cn/baijia/2021-05/13/34842124.html，2021 年 5 月 13 日。

[3] 孙建平：打造“安全韧性城市”，上海应该怎么做？上观新闻 https://export.shobserver.com/baijiahao/html/358566.html，2021 年 4 月 18 日。

据多场景的智慧应用，提高风险动态感知与监测预警，提升城市公共安全管理的精细化水平，使管理更科学更高效。

一是推动数据归集共享与高效利用，以及部门之间的数据共享、联动处置、职能互补。推进跨部门、跨区域、跨层级数据互联互通和汇聚共享，强化多源数据深度治理与融合应用，形成城市运行基础数据、风险监测预警数据、安全生产基础信息、公共安全视频图像等集合构成的海量、动态、鲜活的安全管理大数据库，搭建安全管理大数据基座，提升全要素、全口径、全生命周期数据管理能力和实时共享服务能力，建成先进强大、自主可控、高度智能、反应灵敏的“安全大脑”。[1]

二是强化多源数据多场景的智慧应用。围绕安全生产、防灾减灾、消防安全和应急救援业务实战需要，坚持数据驱动，聚焦服务实战，深化全业务、多场景、智慧化的服务应用开发，全面提升动态监测预警、应急通信保障、智能监管执法、科学指挥决策、高效资源调度、精准社会动员能力。加速静态分析向动态感知、事后应急向事前预防、单点防控向全局联防转变。

三是推动城市数字化转型，提高风险动态感知与监测预警。借助大数据、物联网、人工智能等现代科技，对城市生命体进行实时监测研判预警，第一时间感知风险动态、提出有效应对策略；开发形成“城市灾难风险地图”。建立城市体检信息平台，开展瞬时“城市安全体检”，及时发现城市运行中的安全弱项、风险短板，促使城市“规划—建设—运行”全过程具备安全韧性的特征。[2]

[1] 上海市人民政府办公厅关于印发《上海市应急管理“十四五”规划》的通知，载上海市政府网 https://www.shanghai.gov.cn/nw12344/20210816/7c35057f10ff46a1a47f1be37e1a01f9.html，2021 年 8 月 16 日。

[2] 陶希东：超大城市率先建设“安全韧性城市”的路径与策略，载光明网 https://m.gmw.cn/baijia/2021-05/13/34842124.html，2021 年 5 月 13 日。

第五节　工程韧性维度：健全空间规划管控与备灾物资储备体系

从工程韧性维度来看，需要进一步改造、更新老化城市基础设施，统筹规划应急避难场所。加强备灾物资储备建设，探索与上海城市定位相匹配的综合风险防治空间规划管控体系与备灾物资储备体系建设。

一是以“微更新”的方式改造、更新老化基础设施。维护、更新、升级老化基础设施，依托城市数据平台整合人口、气候、自然资源、城市基础设施等多个领域的数据，加强对城市基础设施的风险评估和基础运营的实时监控，以提高城市基础设施系统的韧性水平。[1]针对老建筑、老设备、人口密集的老旧小区因基础设施老化等存在的风险隐患，可采取“微更新”的方式，通过城市更新和综合改造，根除隐藏在其中的安全风险隐患。

二是持续推进应急避难场所建设。避难场所布局要在充分考虑灾损评估的基础上再依据服务半径布局；结合大中小学校、公园绿地、大型场馆、大型公共空间建设或改造，采取“标准化嵌入、融合式建设、多功能叠加、多灾种防护”的方法，将避难场所建设标准纳入相关场馆、场地设施的设计、建设和验收内容，推进应急避难场所建设；加强避难场所建设、启用、维护工作综合管理，做好应急疏散安置与应急避难场所启用预案对接，提升既有公共空间、场地在重大突发事件中的避难能力；通过绘制区域安全地图，增添避难设施指示牌，开展应急演练等措施，提高民众对应急避难设施的知晓度；开发应急避难设施智能导航功能，通过定位导航与标识指引，引导民众应急疏散。

三是加强备灾物资储备建设。按照“安全第一、效率优先”和“韧性保

[1] 柴俊勇：应对严峻挑战，城市发展必须正视公共安全问题，载人民网 https://baijiahao.baidu.com/s?id=1660948652565322642&wfr=spider&for=pc，2020年3月12日。

障”要求，科学合理确定应急物资储备多元布局和区位布局。结合市民15分钟生活保障圈建设，利用工贸企业、居村、体育场馆、学校、微型消防站、超市、物流仓储及基础专业单位布点。进一步将应急物资配置到街面及社区24小时有人值守的空间，如：居民小区的门房岗亭，商务楼的门卫室，街面便利店，药房。优化构建应急物资储备设施建设布局。强化多元主体参与的应急资源快速调配能力，提升各类应急救援物资统筹调拨、统一使用的储备效能。[1]

第六节　文化韧性维度：构建城市安全文化多级网络

从文化韧性维度来看，需要进一步构建涵盖“政府—社区—单位—家庭—个人”的城市安全文化多级网络。

一是加强高层次专业人才队伍培养，推进安全文化的发展与培育。将安全科技知识纳入国民教育，编写出版安全教材与科普手册，充分利用广播、电视、网络、报纸等多种科普平台，加强安全知识的宣传，提高全民安全意识、知识水平和避险自救能力。[2]

二是针对不同人群开展不同种类的公共安全教育普及，引导公众全面参与城市安全治理。实施“安全校园和幼儿园计划”，将青少年和儿童强制纳入应急培训和教育计划，通过课堂从小培养人们的安全意识和防范能力；依法开展各级各类安全应急救援与疏散演练，确保民众能识别预警信息，熟悉疏散路线，区分危险区域和安全区域，为城市有序沉着应对未来各种风险危

[1] 上海市人民政府办公厅关于印发《上海市应急管理“十四五”规划》的通知，载上海市政府网 https://www.shanghai.gov.cn/nw12344/20210816/7c35057f10ff46a1a47f1be37e1a01f9.html，2021年8月16日。

[2] 黄弘、范维澄：《“科技·管理·文化”三足鼎立支撑新时代城市安全》，《城市管理与科技》2019年第6期。

机做好充分的知识和行动能力准备。[1]

三是铸造新型上海城市安全文化。统筹推动应急安全综合性体验基地、应急消防科普教育体验场馆、安全教育体验馆、红十字生命健康安全体验教室建设，构建应急安全体验相关体系和平台，推动安全宣传进企业、进农村、进社区、进学校、进家庭。充分利用“5·12 防灾减灾日”“安全生产月”“119 消防宣传月”等主题活动，重点做好公共安全科普知识和事故警示的宣传教育。采用“情景化体验”“以案说法”“公共安全教育开学第一课”等形式，提升社会宣传的针对性和有效性。加强应急管理新闻发言人团队能力建设，切实提升应急突发事件新闻发布能力。引导社会各方科学理性认识灾难和灾害事故，增强忧患意识、风险意识、安全意识和责任意识，全面提升社会公众自救、互救的能力。[2]

---

[1] 陶希东：超大城市率先建设“安全韧性城市”的路径与策略，载光明网 https://m.gmw.cn/baijia/2021-05/13/34842124.html，2021 年 5 月 13 日。

[2] 上海市人民政府办公厅关于印发《上海市应急管理“十四五”规划》的通知，载上海市政府网 https://www.shanghai.gov.cn/nw12344/20210816/7c35057f10ff46a1a47f1be37e1a01f9.html，2021 年 8 月 16 日。

参考文献

1. 黄弘、李瑞奇、范维澄、闪淳昌:《安全韧性城市特征分析及对雄安新区安全发展的启示》,《中国安全生产科学技术》2018 年第 7 期。

2. 张超、王金玉、申世飞、秦挺鑫、杨锐、苏国锋、袁宏永:《公共安全应急标准体系构建研究》,《中国应急管理》2014 年第 8 期。

3. 赵方杜、石阳阳:《社会韧性与风险治理》,《华东理工大学学报》(社会科学版)2018 年第 2 期。

4. 刘奕、倪顺江、翁文国、范维澄:《公共安全体系发展与安全保障型社会》,《中国工程科学》2017 年第 1 期。

5. 辛自强:《加强应急心理服务体系建设》,《中国社会科学报》2020 年 3 月 10 日。

6. 肖文涛、王鹭:《韧性视角下现代城市整体性风险防控问题研究》,《中国行政管理》2020 年第 2 期。

7. 韩新、丛北华:《超大城市公共安全风险防控的主要挑战——以上海市为例》,《上海城市管理》2019 年第 4 期。

8. 王璐、宁宁、郭杨、吴群红、郝艳华:《国家灾难生命支持课程介绍及启示》,《卫生职业教育》2021 年第 13 期。

9. 邱爱军、白玮、关婧:《全球 100 韧性城市战略编制方法探索与创新——以四川省德阳市为例》,《城市发展研究》2019 年第 2 期。

10. 滕五晓:《加强基层应急管理能力建设　积极推进国家应急管理体系和能力现代化》,《中国减灾》2020 年 5 月。

11.《国务院办公厅关于加强基层应急队伍建设的意见》,《中华人民共和国国务院公报》2009 年 10 月 30 日。

12. 上海市人民政府办公厅关于印发《上海市应急管理“十四五”规划》的通知，2021 年 8 月 16 日。

13. 范维澄：《安全韧性城市发展趋势》，《劳动保护》2020 年 3 月 1 日。

14. 中共中央办公厅、国务院办公厅印发《关于推进城市安全发展的意见》，2018 年 2 月 20 日。

15. 汪晓东、董丝雨：《下好先手棋　打好主动仗》，《人民日报》（海外版）2021 年 4 月 15 日。

16.《坚持系统思维构建大安全格局　为建设社会主义现代化国家提供坚强保障》，《人民日报》2020 年 12 月 13 日。

17. 全国智标委智慧居住区分技术委员会：《以城市数字化转型为契机，加快智慧社区建设》，《中国建设信息化》2021 年 3 月 15 日。

18.《中共上海市委关于制定上海国民经济和社会发展第十四个五年规划和二〇三五年远景目标的建议》，《解放日报》2020 年 12 月 10 日。

19.《习近平在中央政治局第二十六次集体学习时强调　坚持系统思维构建大安全格局　为建设社会主义现代化国家提供坚强保障》，《中国应急管理》2020 年第 12 期。

20. 李银河：《数字化赋能应急管理上台阶》，《中国应急管理》2021 年第 2 期。

21. 付瑞平：《探索超大城市安全发展的新路子——访上海市安委办常务副主任、应急管理局局长马坚泓》，《中国应急管理》2020 年第 8 期。

22. 上海市徐汇区人民政府印发《徐汇区关于加快推进城市运行“一网统管”先行区建设的工作方案》的通知，《上海市徐汇区人民政府公报》2020 年 6 月 15 日。

23. 黄弘、范维澄：《“科技・管理・文化”三足鼎立支撑新时代城市安全》,《城市管理与科技》2019 年第 6 期。

24. 周利敏:《韧性城市：风险治理及指标建构——兼论国际案例》,《北京行政学院学报》2016 年第 2 期。

25. 龚维斌:《应急管理的中国模式——基于结构、过程与功能的视角》,《社会学研究》2020 年第 4 期。

26. 朱伟:《不确定性、韧性思维与政策设计：政策科学研究的前沿议题》,《学海》2020 年第 2 期。

27. 高和荣:《从两极到综合：社区应急治理的新维度》,《东南学术》2020 年第 4 期。

28. 朱正威:《中国应急管理 70 年：从防灾减灾到韧性治理》,《国家治理》2019 年第 36 期。

29. 邵亦文、徐江:《城市韧性：基于国际文献综述的概念解析》,《国际城市规划》2015 年第 2 期。

30. 戴伟、孙一民、韩·梅尔:《走向韧性规划：基于国际视野的三角洲规划研究》,《国际城市规划》2018 年第 3 期。

31. 陈玉梅、李康晨:《国外公共管理视角下韧性城市研究进展与实践探析》,《中国行政管理》2017 年第 1 期。

32. 谢起慧:《发达国家建设韧性城市的政策启示》,《科学决策》2017 年第 4 期。

33. 邵亦文、徐江:《城市规划中实现韧性构建：日本强韧化规划对中国的启示》,《城市与减灾》2017 年第 4 期。

34. 董衡苹:《东京都地震防灾计划：经验与启示》,《国际城市规划》2011 年第 3 期。

35.《坚持系统思维构建大安全格局　为建设社会主义现代化国家提供坚强保障》,《人民日报》2020 年 12 月 13 日。

36. 范维澄、刘奕、翁文国:《公共安全科技的“三角形”框架与“4 +

1”方法学》,《科技导报》2009 年第 6 期。

37. 张陶、曹惠民、王锋:《城市公共安全治理中公众参与困境与对策》,《城市发展研究》2019 年第 9 期。

38.《牢固树立切实落实安全发展理念 确保广大人民群众生命财产安全》,《人民日报》2015 年 5 月 31 日。

39.《充分发挥我国应急管理体系特色和优势 积极推进我国应急管理体系和能力现代化》,《人民日报》2019 年 12 月 1 日。

40. 张陶、曹惠民、王锋:《城市公共安全治理中公众参与困境与对策》,《城市发展研究》2019 年第 9 期。

41. 尹振东:《垂直管理与属地管理:行政管理体制的选择》,《经济研究》2011 年第 4 期。

42. 雷晓康、安静、张茜茜:《跨区域突发事件中地方政府内部应急协作的情景构建分析与优化策略》,《中国行政管理》2019 年第 4 期。

43. 张玉磊:《城市公共安全的跨界治理:属性特征、治理困境与模式构建》,《湘潭大学学报》(哲学社会科学版)2020 年第 6 期。

44. 付瑞平:《提升韧性 构建智慧安全城市》,《中国应急管理》2020 年第 1 期。

45. 范维澄:《以科技为支撑推进应急管理装备能力现代化》,《学习时报》2020 年 2 月 17 日。

46. 滕五晓:《智慧应急的机遇与挑战》,《张江科技评论》2021 年第 3 期。

47. 朱正威:《网格化治理应着力加强“韧性”建设》,《国家治理》2020 年第 1 期。

48. 曹惠民:《风险社会视角下城市公共安全治理策略研究》,《学习与实践》2015 年第 3 期。

49. 张春燕:《风险社会中的城市公共安全应急机制:挑战与变革》,

《长白学刊》2013 年第 6 期。

50. 柴俊勇：超大型城市上海面临超出一般逻辑的社会风险，须加强这一长效机制建设，载上观新闻。

51. 孙金阳、龚维斌：《城市公共安全风险治理的现实困境及其破解路径》，《中共中央党校（国家行政学院）学报》2020 年第 4 期。

52. 陶希东：超大城市率先建设“安全韧性城市”的路径与策略，载光明网。

53. 孙粤文：《大数据：现代城市公共安全治理的新策略》，《城市发展研究》2017 年第 2 期。

54. 曹策俊、李从东、王玉等：《大数据时代城市公共安全风险治理模式研究》，《城市发展研究》2017 年第 11 期。

55. 张龙辉、肖克：《人工智能应用下的特大城市风险治理：契合、技术变革与路径》，《理论月刊》2020 年第 9 期。

56. Williams P，Nolan M，Panda A，UNISDR Disaster Resilience Scorecard for Cities，Preliminary Level Assessment，United Nations Office for Disaster Risk Reduction（UNDRR），2017，pp.3—49.

57. Mileti D，*Disasters by Design：A Reassessment of Natural Hazards in the United States，* Washington，D.C.：Joseph Henry Press，1999，p.4.

58. Aaron B. *Wildavsky，Searching for Safety，New Brunswick，* NJ：Transaction，1991，pp.350—358.

59. Pelling M. *The Vulnerability of Cities：Natural Disasters and Social Resilience，* London：Earthscan，pp.101—223.

60. Cutter S L，Barnes L，Berry M，et al.，A Place-based

Model for Understanding Community Resilience to Natural Disasters, *Global Environmental Change,* Vol.18, No.4, Oct. 2008.

61. Desouza K C, Flanery T H, Designing, Planning, and Managing Resilient Cities: A Conceptual Framework, *Cities,* 2013, Vol.35, No.4, Dec. 2013.

62. Merrow S, Newell J P, STULTS M, Defining Urban Resilience: A Review, *Landscape & Urban Planning,* Vol.147, No., Mar. 2016.

63. Wiesner L, Kappler S, Shuster A, et al., Disaster Training in 24 Hours: Evaluation of A Novel Medical Student Curriculum in Disaster Medicine, *The Journal of Emergency Medicine,* Vol.54, No.3, Mar. 2018.

64. Duchek S. Organizational Resilience: A Capability-based Conceptualization, *Business Research,* Vol.13, No.1, Apr. 2020.

65. Owell B & Steelman T., Beyond ICS: How Should We Govern Complex Disasters in the United States? *Journal of Homeland Security and Emergency Management,* Vol.16, No.2, May 2019.

66. Schiffino N, Taskin L, Donis C, et al, Post-crisis Learning in Public Agencies: What do We Learn from both Actors and Institutions? *Policy Studies,* Vol.38, No.1, Jan. 2017.

67. Alexander D E., Resilience and Disaster Risk Reduction: an Etymological Journey, *Natural Hazards and Earth System Science,* Vol.13, No.11, Nov. 2013.

68. Jha AK, Miner TW, Stanton-Geddes Z. *Building Urban Resilience: Principles, Tools, and Practice,* Washington D.C.:

World Bank Publications，2013，pp.55—150.

69. Jabareen Y.，Planning the Resilient City：Concepts and Strategies for Coping with Climate Change and Environmental Risk，*Cities,* Vol.31，No.5，Nov. 2013.

图书在版编目(CIP)数据

安全韧性城市建设:理论演进与上海实践/李蔚著
. —上海:上海人民出版社,2022
(上海智库报告)
ISBN 978-7-208-17946-2

Ⅰ. ①安… Ⅱ. ①李… Ⅲ. ①城市建设-研究-上海
Ⅳ. ①F299.275.1

中国版本图书馆 CIP 数据核字(2022)第 169948 号

责任编辑 刘 宇
封面设计 今亮后声

上海智库报告
安全韧性城市建设
——理论演进与上海实践
李 蔚 著

出　　版 上海人民出版社
(201101 上海市闵行区号景路 159 弄 C 座)
发　　行 上海人民出版社发行中心
印　　刷 常熟市新骅印刷有限公司
开　　本 720×1000 1/16
印　　张 10
插　　页 4
字　　数 133,000
版　　次 2022 年 10 月第 1 版
印　　次 2022 年 10 月第 1 次印刷
ISBN 978-7-208-17946-2/D·4016
定　　价 42.00 元